人生を変える営業スキル

CREATE YOUR OWN LIFE THROUGH SALES SKILLS

遠《えん》藤《どう》公《こう》護《ご》
KOGO ENDO

CROSSMEDIA PUBLISHING

はじめに

この本は自分の人生を信じているけど、どうやったらその人生を諦めないで強い気持ちを持ち続けられるのか。成功するその日まで自分を信じるための心の支えになる本です。

そして、人生がドラマのように変わる日がくると信じている人に向けた、ドラマを自らの手で描くための実践本でもあります。

営業は誰にでもなれる仕事かもしれません。特別な資格が必要なわけでもありません。現場から体験してほしいと、新人のときにとりあえず配属される仕事かもしれません。若い方では営業を極めたいと思っている人も少ないのかもしれません。

営業スキルの本は売れないと聞いたことがあります。何故なら誰も営業を極めたいなんて思っていないから。営業を通過した先にある営業戦略部やマーケティング部、コンサルタントなど、いつかは営業ではない仕事に就くための腰掛けのような職種だと思っているからだと聞きました。

自分にはＩＴという仕事は向いていないという自覚はありますが、営業という職種に就けたことは何よりも素晴らしいことだったと誇りに思っています。それを強がりだと思っている方もいるかもしれませんが、そうではありません。

「遠藤さんが実施してきた営業は関係するすべての人を幸せにしていますよね。それが、人生を豊かにしてきたんだと思いますよ」と、ある社長にワークショップの後に言われたのですが、営業は人を幸せにする仕事だと私も実感しています。

会社の成り立ちとしても営業が製品を多くのお客様に販売することで会社が存在し続け、そこで働いているメンバーも安心して暮らせる環境をつくることができます。社内のメンバーに感謝されたり頼りにされたりする仕事でもあります。

また、先ほどの営業戦略部に行きたいなど、営業の先を進むためというのもあながち間違ってはいないと思います。若いときは何になりたいか、まだわかっていません。私もそうでした。ある社長が教えてくれましたが、営業力があれば何でもなれる。起業もできるし社長にもなれる。自分が歩みたい人生を自分でつくっていくことができる、という話を伺ったときに「なるほど」と思いました。営業のスキルこそ人生を変えるスキルです。

私は20代の頃、「いつか社長になります」と何も考えずに入社当時から豪語していた割には、見えている道だけをただひたすら歩いてきました。周りが変化をしていく中でも自分は同じ席に座り続けていました。

大きく動かなくても、頑張っていればどこかで人生はドラマチックに変わるような出来事が起きるという予感だけがありました。その予感が予感のままで終わる不安を払拭するために本だけは読み続け、成功している人生と自分を重ねたり、その歳でやっておくべきことと自分が出来ていることを比較したりして自分を励ましてきました。

しかし、ドラマのような成功が突然訪れることがないというのは、私の人生で証明されています。想像していなかったような景色を見るためには、本で書いていることに勇気づけられながらも、先人が生み出してきた方法を実践して初めて達成できます。なんとなくで生きていれば、なんとなくの人生で終わってしまうのです。

私は外資系企業で21年間一貫して営業職を務めました。サン・マイクロシステムズという会社に入社し、転職は1回だけしましたが会社が買収された経験が2回あり、合計で4つの会社に在籍させて頂きました。

買収元のオラクル社では部長職を拝命し、転職したTableau（タブロー）社ではアジア最優秀マネージャーを2年連続で受賞しました。最後はセールスフォース社で営業の執行役員というポジションを頂きました。私は自身が苦手だったＩＴ業界に就職したからこそ、一つひとつを考え抜き、営業という仕事で人を幸せにする経験が出来ました。その結果、たどり着けたポジションだと思っています。

現在起業をして、多くのスタートアップ企業や外資系企業に向けたワークショップを展開させていただいております。21年間、数字を強力に求められる外資系に在籍し、ＩＴの中でもＡＩを含む最先端の営業に携わっていたからこそエンタープライズ企業を突破出来るのは人の気持ちを大切にしたTrust（トラスト：信頼）を生み出す営業だけです。

「1本の映画を見ているようなワークショップでした」

と私のワークショップを体験したあるスタートアップ企業の若い営業の方に言って頂きました。

私自身が信じるストーリーテリングの力を借りて、この本の中で私が21年で経験してきたTrustを生み出すための営業を体感し、そのとき皆様ならどのように感じ、どのように行動するかを考えながら読み進めて頂きたいです。本の中で体感し、自分の型に落とし込んで頂く中で私が21年かけて見た景色を、より早く皆様に見て頂きたいと思っています。

「自分が経験したことを伝えることで、自分が達成した年齢より早いタイミングでみんなには課長職や、部長職、社長になって欲しい」。上司がよく言ってくれた言葉です。その通りだと思いますし、この本はたどり着こうとしているさらにその先、誰も見たことがない自分だけの景色を見るための本です。人生を駆け抜けていく中で到達出来る地点はそれぞれが違うと思います。

自分はどこまでたどり着けたら成功したと言えるでしょうか？　それもまた人によって違うでしょう。しかし、自分が思い描いた人生を歩んでいる時の高揚感、さらにその先にある何故自分がこの世に生まれてきたのかを考え、チャレンジできることの幸せを味わって欲しいのです。

さっそく、第1章から人生を変える営業スキルについてのお話を始めていきます。

より私という人間を知った上で読み進めたいという方には、終章に私自身がいかに営業として向いていない、ネガティブで弱い人間かを理解してもらうエピソードを記載していますので、そこから読み始めていただいて第1章に戻ってきてください。

私自身がスーパーマンではなく普通の人間で、一生懸命努力をしてきた中でたどり着いてきたということを理解してもらうことが、この本の大きな目的の1つである自分を信じ続けるための心の支えにつながると思ったからです。


人生は続いていきます。

この本を手にした皆様が自信をもって人生を歩み、多くの人を幸せにすることで、あなた自身も多くの幸せを手に出来ることを心の底から願っています。

第2章 基本に戻れ Back to Basic

第3章 顧客との打ち合わせ

第4章 営業の戦略的アプローチ

第5章 コミュニティの活用

第6章 CxOアプローチ

第7章 大型商談でのクロージング

第8章 大人の営業スキル

序　章

人を動かすとは。
自分を動かすとは

01

SALES SKILLS

33歳で営業部長になる

私がＳｕｎ（サン）という会社に入ったとき、同期は１８９名でした。入社当時の社員全員で１０００名もいなかったと思うので、新卒を多く採用した年でした。私たちの入社前後は約30名なので、特異な年だったと思います。当時の社長が３ｘ５（スリーバイファイブ）というスローガンを社内で発表していたのですが、社員数は3倍の３０００名、売り上げは5倍にするというものだったと記憶しています。しかし、私たちが入社した頃には既にシリコンバレーでも勢いを落としつつあり、株価も毎年のように下がっていました。結果として、同じくシリコンバレーにあるオラクル社に買収されたのです。

買収されて良かったことも悪かったこともありますが、悪かったことの一番は尊敬していた上司が違う会社のマネージメントに転職してしまったことです。良かったこととしては、その空いた部長職に当時33歳だった自分が任命されたことです。突然の任命でしたが、正直実力があって部長職になったわけではないと認識しています。買収された影響で私たちが所属しているハードウェア事業部の雰囲気は暗くなっていました。当時の執行役員の方が若い人間をマネージャー職にすることで、若い人たちが希望をもってくれるのではないか、そういう意図があって私を任命してくれたのです。

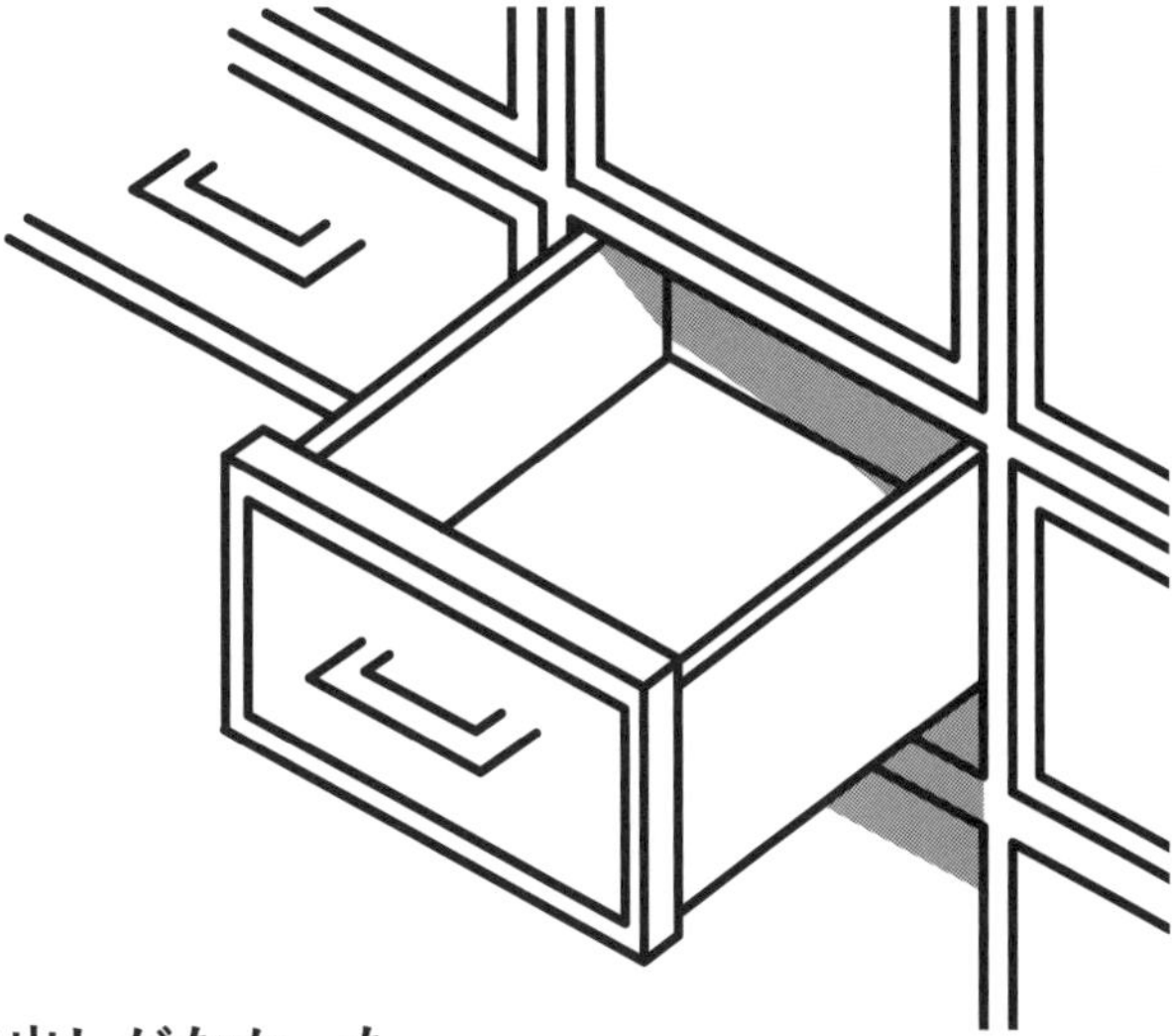

引き出しがなかった

SS

怒涛の日々。そして転職

いきなりマネージャーになった自分の引き出しは0でした。人を管理する能力も、買収された中でどんどん役割が変わる製品に課せられた売り上げ目標を達成させることも自分には難しい仕事でした。

当時自分が担当していたのが金融の部長です。販売した製品は金融機関のシステムとして導入して頂いていました。大げさな言い方ですが金融システムでのトラブルは死人が出るというように言われ、私は営業責任者として大きなプレッシャーの中で仕事をしていました。部長時代の最後に経験していたトラブルはいくつもの金融機関に影響が出るサービスだったこともあり本当に大変でした。

数ケ月にもわたってトラブルが続き、故障している製品のパーツを何回変えても、中に組み込まれているソフトウェアを何度アップデートしても、何をやってもうまくいかない日々でした。怒号が飛び交う打ち合わせが数ケ月も続いていたので、自分自身も食欲がなくなりやせ細っていってしまいました。

アメリカ本社とやり取りする中で、何度目かのソフトウェアのアップデート日がリミットだとわかりました。サービスリリース前のラストチャンスです。業務影響が少ない週末にアップデートを実施しました。そのとき、客先に向かう途中で撮った朝日が印象に残っています。こんな奇麗な朝日をまた見ることができるのか。世界から孤立している宇宙ステーションの中でミッションを失敗したら生きて帰れず、出れるのは成功したときのみ。

そんなイメージの緊張感の中でトラブルと向き合っていたのを覚えています。

自分は世の中のためになりたいと思って必死に働いてきましたが、お客様が私たちに見せてくれるのは怒哀楽の中で「怒」のみでした。私のことを信頼しているお客様は1人もいない。当時読んでいたビジネス本や、飲み会などで聞こえてくるような出来る営業が転職したら、その人とともにお客様も移り一緒に製品が売れていく。そんなのはつくり話だと思っていました。あるとしたら、もっと自分が偉くなるか、もっと接待する中でお客様と仲良くなっていく中でしか生まれないと真剣に思っていました。

石の上にも3年。3年間はどんなことがあっても務めあげようと思っていた部長職もようやく3年が過ぎようとしていました。薄々気づいていましたが自分がマネージャーとしてだけでなく、一人の営業としても足腰が全く鍛えられていませんでした。今思えば私自身の性格が弱いだけでしたが、次こそ喜怒哀楽の「怒」ではなく、多くの方に喜んでもらえるような仕事を探したいという思いに至りました。やはり興味がないＩＴではなく、自分が向いている仕事に転職がしたかったのです。

人間の普段の生活に直接貢献出来るような仕事がしたいと応募したのが大学時代に内定をもらっていたＰ＆Ｇやクロックスなどの消費財メーカーでした。Ｐ＆Ｇには「新卒時に内定をもらっていた者です。ＩＴ業界ですが営業として営業部長にもなりました。今度こそ御社で働きたいです」といった趣旨のことをレジュメに記載し、あっさり落ちました。

そんな折に、友人がたまたま教えてくれた会社がタブローという会社でした。ＩＴ業界ではありますが「Help People」というミッションをもった会社で、自分のやりたいことに近いかもしれない。製品のこともほとんど知りませんでしたが、応募させて頂きました。

この選択が自分の人生を変えてくれました。当時、私が入社した際のタブロージャパンは日本では設立2年目で社員数も10名を超えたくらいでした。自分はエンタープライズを担当する営業の2人目として入社させて頂きました。

タブローという会社をご存じない方もいらっしゃると思いますので、もう少しご紹介させて頂くと、製品はＢＩという領域になります。ＢＩとはBusiness Intelligenceを縮めた呼び方になりますが、会社の中に存在するあらゆるデータを活用し、経験と勘ではない事実に基づいた決断を実行するための製品です。データ活用はBig DataやＤＸなど時代の流れもあり、タブローもアメリカでは有名になりつつありました。それでも日本ではまだまだ誰も知らないような会社でした。それが、日本の中でも「ＢＩ製品と言えばタブローだよね」というところまで成長していくことができた経験が私を変えてくれたのです。

02

SALES SKILLS

ゴールデンサークル(Golden Circle)

私がタブローに入社した月に素晴らしい経験を与えてくれました。それは、営業だろうが、人事だろうが、サポート部隊だろうがどの部署で採用されたとしても2週間ブートキャンプとしてシアトル本社で学べる機会を作ってくれたことです。

2週間もシアトルに行かせてもらうことでかかる費用は飛行機代から始まりホテル代や夕飯代などもろもろで1人あたり100万以上かかるはずです。さらに、私個人の問題ではありますが、英語が中途半端だった私がシアトルに行くよりも、本社よりトレーニングメンバーが来日し通訳を使ったほうが、価格的にも学ぶという効率でも有効だったと思います。しかしシアトル本社はグローバルで採用されたメンバーを本社に送ることにこだわっていました。その理由はもう少し後にお伝えしたいと思います。

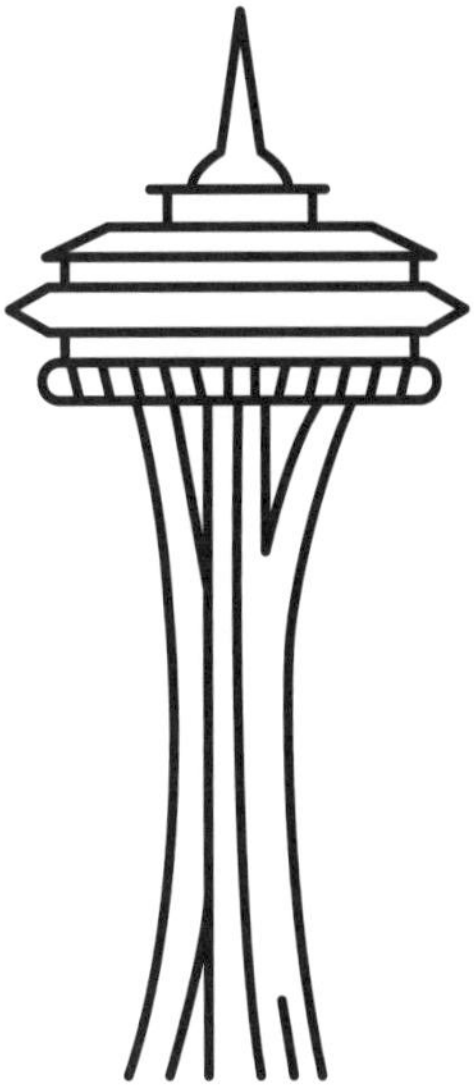

ここからすべてが始まった

ブートキャンプの2週間では、自社や競合製品の勉強だったり、SFA（営業支援システム）のITツールの使い方など様々なことを学びます。しかし、最も重きを置かれて大事にされたのは「人を動かす」という教えでした。繰り返しますが当時タブローはグローバルではまだ有名ではありません。BIも新しい市場かというと実は何十年も昔からある市場で過去から使われている有名なBI製品もあります。もっと対象を広げて言えばエクセルも競合になります。

私が日本で担当させて頂くエンタープライズ企業はStatus Quo（ステータス・クオ）と呼ばれる現状維持が大

人を動かす

好きです。現状維持を重視するお客様の心を動かし、数ある競合の中から我々の新しい製品を選んでもらう必要がありました。我々の製品を買ってもらうにはどうすれば良いのか。

お客様だけではありません。我々のパートナーだったり、同じ会社で働いている仲間だったりを味方にするために人の心を動かすことが必要でした。

ブートキャンプの教えはＴＥＤの動画でサイモン・シネックが世に発表したゴールデンサークル（Golden Circle）を学ぶことから始まります。「世の中で優れたリーダーや世の中を

Why - Your Purpose

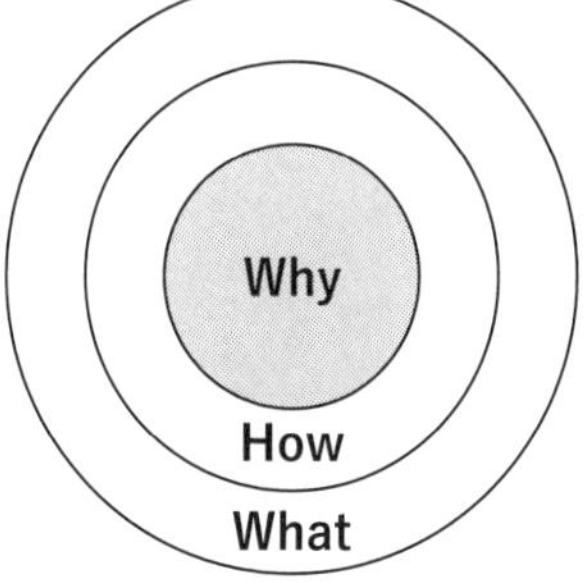

Why - 信じるところ
What is your couse? What do you believe?

How - どのように
Specific actions taken to realise your Why.

What - 事実
What do you do? The result of why. proof.

変えた会社は物事の伝え方が全く逆である」。ゴールデンサークルは自分の人生を変える教えでした。ＴＥＤの動画をできただけでこの本を読んでいただいた価値があると思っていますが、私のほうで描くゴールデンサークルを解説させて頂きます。

ゴールデンサークルとは図にあるようにＷｈｙ（信じるところ）、Ｈｏｗ（どのように）、Ｗｈａｔ（事実）、の3つの円から出来ています。世の中を変えたリーダーや、会社、製品の伝えるメッセージは円のＷｈｙ→Ｈｏｗ→Ｗｈａｔのインサイドアウトの順番で伝えています。逆にどんなに良い製品を開発したとしても、アウトサイドインだと、人には伝わらず世の中から消えてしまうと警告しています。サイモン・シネックは具体例として黒人運動を率いたキング牧師が何故、あのとき20万人もの人をワシントンに集めることができたのか、お金も学歴もなかったライト兄弟が何故人類で初めて人工飛行に成功したのか。これはすべてＷｈｙから伝え、人を動かすことができたからだと教えてくれています。

ここで駄目な例としてアウトサイドインで製品を世の中に発表してみます。

「〇〇会社は新しいパソコンを開発しました（Ｗｈａｔ）。それは最高にシンプルであり、最高にユーザーフレンドリーな製品です（Ｈｏｗ）。おひとついかがですか？」といった感じです。どうでしょうか、買いたくなりましたか？

次にインサイドアウトで新製品を紹介している例です。アップルを追い出されたスティーブ・ジョブズが戻ってきた際に発表したのが、この逆のインサイドアウトとなります。

「アップルがするすべての行動はStatus Quo（現状維持）へのチャレンジです。Think Different（物事を違った角度から見ること）にこそ価値があると強く信じます。そういった世界を実現するために、最高にシンプルで最高にユーザーフレンドリーな製品をつくりました。おひとついかがですか？」

どうでしょうか？　先ほどよりも買いたくなったのではないでしょうか？　文面だけでは伝わりづらいところもあるので、ぜひＴＥＤの動画を見て欲しいのですが、サイモン・シネックが我々に教えてくれているのは次のことです。

人が現状維持を飛び越えてまで何か新しいことをしようと思うときは、製品の機能（Ｗｈａｔ）で心が動くのではなく、その会社やリーダーが実現しようとしている信念や世界に共感するときである。心を動かすことができたときに初めて人は行動に移すのだと。

タブローという製品は当時デファクトの製品ではありませんでした。客先で製品機能（Ｗｈａｔ）を伝えたのでは世界にごまんとある会社の中の一つに埋もれてしまいます。つまり誰も買わずに消えていく運命だったというわけです。このゴールデンサークルの学びはタブローがグローバルで有名になっていく過程でも、入社したメンバーには必ず伝えていた大切な教えでした。外資系ＩＴと言われる企業の営業がどんな手法でお客様に営業しているのか知りたかった方もいると思いますが、実はこういった人間本来の心を動かすという基本に忠実な行動をしていたのです。Ｗｈｙから始めることが大事であると。

シアトルで学んだこと

さて、何故シアトル本社がこだわってグローバルで採用したメンバー全員をシアトルに集めたのか。英語が中途半端な私さえわざわざシアトルまで呼んだのか。

ゴールデンサークルの教えは序盤で学びますが、このセッションの最後に登場するのがタブローのファウンダーであり、CEOのクリスチャン・シャボーでした。青い目のカリスマCEOであるクリスチャンが話し始めました。「今日皆にはゴールデンサークルのWhyが重要であることを学んでもらったと思います。この会社のWhy、つまり世の中に実現したいミッションはHelp People。人を助けるということです」。クリスチャンが何故Help Peopleを会社のミッションにしようと思ったのか、その経緯や歴史を語りかけてくれるのです。さらに、話の最後にシングルマザーの女性が登場しました。

「今日皆様はグローバルから集まってくれました。そして皆様がこれから帰国し、自分の国でやることは本当に素晴らしいことになるのです」と占い師のような話を始めました。「私はシングルマザーですが、かつては朝から晩まで娘のために働いていました。しかしタブローに出会ったことで、定職につくことが出来ました。さらにタブローを使って自分の分析力が上がり、給料があがっていきました。何より嬉しいのは……、今私は9－17時で働いているのです」。少し間をためてから「そうです、毎晩私は娘と夕食を共にしているのです」と涙ぐみながら話をしてくれたのです。その場にいた全員が、Help PeopleというＷｈｙを強烈に体感させてもらうのです。続けてクリスチャンは僕たちに言いました。「これは僕が作ったＷｈｙです。この話を皆さんが自分の国のお客様に語っても何もインパクトはありません。今から皆さんがやらなきゃいけないのはタブローを自ら売る中で自分でお客様を助け、その経験を自分のＷｈｙとして貯めること。そして貯めたＷｈｙを人々に伝え、多くの人を助けていってほしい。それが皆さんの使命であるしこのシアトルで学んで欲しいことです」

「社長は売れる」とよく言われることですが、社長が客先でお客様に伝えていることはなんでしょうか？　製品の機能説明でしょうか？　間違いなく違うと思います。この会社が、この製品が実現したい世界のはずです。その話にお客様が惹きつけられ、その世界に共感し、その世界がまだ完成していなくても応援したくなるのです。

今皆様にお聞きしたいのは、「何をお客様に伝えていますか？　自社の製品は好きですか？　それはどうしてですか？」ということです。

自分へのＷｈｙの問いかけです。この本を読んでいるのが会社の社長であれば、自分は答えられるとしても、一人ひとりの営業が自分たちの会社や製品のＷｈｙを人の気持ちを動かすレベルで伝えることができていますか？　そう思えた体験は何でしょうか？と現場の皆様に聞いてみて欲しいのです。

ブートキャンプが素晴らしかったのは、ゴールデンサークルの大切さを伝えるだけでなく、自分のＷｈｙを持つことが大事であると意識させたことです。その後は私も、自分のストーリーをつくることを意識しました。Ｗｈｙをつくり上げる過程で「Help People」という世の中を変える製品だと信じられるようになり、仲間が増えていきました。

客先で機能だけを説明していたかつての自分は、その瞬間に他の競合と同じ営業に成り下がり、お客様が自分の気持ちをオープンにすることは決してなかったと思います。その結果として値引き交渉を受ける営業に陥っていました。営業として違う世界観でお客様との会話が出来るきっかけになったのがこのゴールデンサークルという教えでした。

次の章から本格的にエンタープライズ企業を突破するための戦略的アプローチならびに人生を変える営業スキルについてお話を進めていきたいと思います。

第1章

大企業をつかまえるアプローチとは

01

SALES SKILLS

Land & Expand

「売っているのか？　それとも、ただ売れているのか？」

タブローに入社した当初に営業として言われて大切にしていた言葉です。

シアトルから日本に戻った自分は今までサーバーやストレージといったいわゆるハードウェア製品を販売していましたが、今回販売するのはソフトウェア製品です。営業の引き出しがそもそもないのに、さらにソフトウェア製品という、過去の営業経験の中でもまったくない引き出しを作らないといけませんでした。シアトルで学んだ人を動かす教えを軸に、日本市場に製品を広げるためあらゆる試行錯誤を始めていきました。

冒頭の「売っているのか？」は何を実行したから売れたのか再現性を高めるための合言葉です。たまたま売れているだけだとしたら、再現性がないので営業が売ってないのと同じです。この章では、会社の初期フェーズでお客様に入り込んでいくための戦略的アプローチについてお話をしていきます。

Land＆Expand（ランド・アンド・エクスパンド）という言葉は覚えておいても良い言葉だと思います。最近は外資系だけでなく、日本のスタートアップ企業でも使う言葉になってきました。英語ではありますが、意味はわかりやすいと思います。Landというのは日本語で着陸、Expandは広げるという意味になります。

デファクトになっていない製品がエンタープライズ企業でいきなり大きく採用されることはありません。全社活用を狙ってしまうことで逆に時間もかかりますし、もっと言えばそんなことは起きないので、狙ってさえいけないのです。新しいお客様に採用してもらうためには、小さく契約してもらい、徐々に契約を広げることを狙うのが正しい戦略になるのです。新しいお客様を獲得することをNew Logoと呼び、新しいお客様の会社のロゴを獲得することが大変重要なＫＰＩ（指標）になっていました。中小企業を担当するＳＭＢ（Small to Medium Business）営業側では会社の初期では売上数字が目標ターゲットではなくNew Logo（新規顧客）の数が四半期のゴールになっている時期さえありました。

何故そういったNew Logoがあえてゴールになりえたかを解説すると、一般的にお客様は一度製品を購入すると、次の購入までは時間がかかります。そうなると、担当する営業は次の売り上げ時には自分が担当していない可能性があります。もしくは営業組織の役割上で初回の契約だけが自分が担当出来る仕組みになっていることもあります。営業は売り上げ目標を達成するために、少しでも案件を大きくしようとする生き物です。

「まだ買わなくて大丈夫です、トライアルのライセンスキーを出しておきましょう」と案件を太らそうとしている間に競合相手にも提案機会を与えるリスクが大きくなります。

1ライセンスでも良いのでNew Logoを獲得することに重きを置いたゴールなのは、過去のデータから早く1ライセンス購入してもらうことが、トータルの売り上げで見ても大きくなる事実がわかっているからです。New Logoの数が営業初期にはゴールとされていたことの合理性を理解いただけたと思います。

SS 顧客に価値を理解してもらう

Land & Expandの具体的なアプローチについて入っていきますが、その前に皆様に質問させてください。

「ＳａａＳ製品を契約してもらい、来年の契約延長やさらに契約を追加してもらうには何が最も大切でしょうか？」

色々な答えがあると思いますが、次の答えを否定できる人も少ないと思います。それは「製品を徹底的に使ってもらうこと」です。Netflixのようにコンシューマーがターゲットの製品は毎日見ていないけれど、毎月そのサービスを延長するか検討することは少ないですし、年一回すべてのＳａａＳサービスの断捨離を検討する家庭も少ないと思います。

しかしエンタープライズ企業は違います。購買部と呼ばれるコストを1円でも下げることが目的の部署さえある企業にとって、使っていない製品を更新するようなことはありえないと断言できます。

Land＆Expandの狙いにもつながりますが、小さく入れて大きくするというこのアプローチは小さくても契約して徹底的に使ってもらい、少しでも早く製品の良さを納得してもらうところに勝ち筋があるのです。

何よりも優先すべきは実際に使って価値を理解してもらうことです。徹底的に使ってもらう中で初めて、来年も更新される可能性が高まり、もっと言えば契約を拡大して頂けることになります。1ライセンスでも購入して頂いて拡大させるという勝ち筋に簡単にたど

徹底的に使ってもらう方法は？

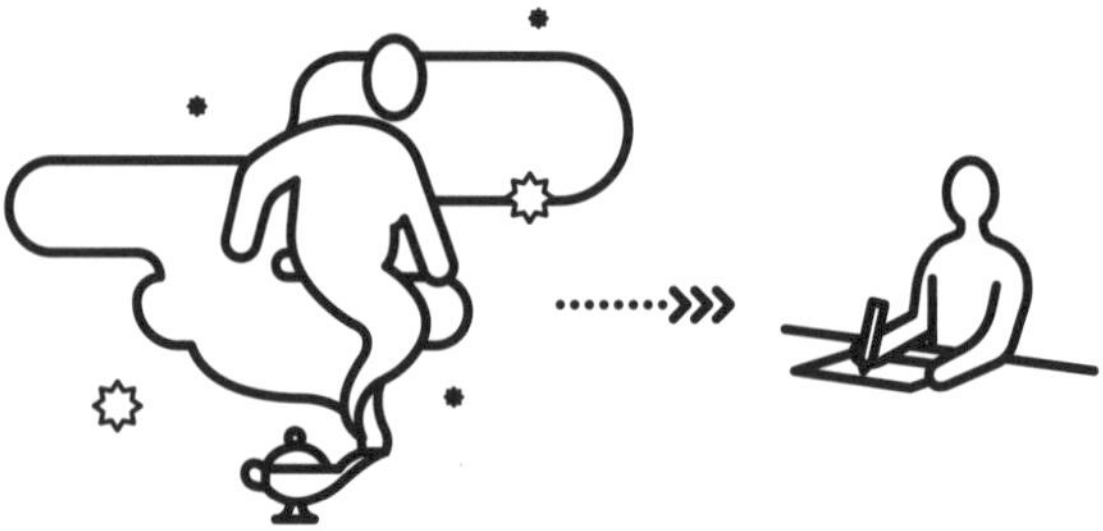

簡単にたどり着く魔法はない
しかし、再現性を高めるアプローチはある
学び、自社の型をつくる

り着く魔法はありません。

しかし、再現性を高められるアプローチはあります。この第1章と第4章で戦略的なアプローチを学び全社導入への道筋を取り込む中で、自社の勝ち筋の型をつくっていって下さい。

Land＆Expandの3つのアプローチ
①魅力を引き立てるデモの習得
②事例は心を動かす最強の武器
③トライアルで体験を届ける

初期のフェーズにおいて色々な試行錯誤を繰り返してきましたが、再現性が高い3つのアプローチに集約してお伝えしていきます。

02
SALES SKILLS

魅力を引き立てるデモの習得

皆様の会社に心を動かす共通のデモはありますか？

普通にデモはありますという回答をしていただける方も多いと思いますが、ここで聞いているのは心を動かすという部分が重要です。お客様向けデモで機能紹介を始めた瞬間に、お客様の頭のスイッチはどこにでもあるいつもの製品説明を連想して眠くなり、営業として次のステップに進むことは難しくなります。必要なのは顧客が今までの業務で想像できていなかったPain（痛み）の解決を見せてくれ、アハモーメントがあるデモです。しつこいですが、もう少し解説すると、既に見えている顕在化された痛みについてのデモをやっても印象に残りません。当たり前に何ができるというデモではなく、潜在的にこんなことができたら確かに嬉しい、気づいていなかったけどそこは毎日苦労しているという心の中に思っていたことをデモで炙り出す必要があります。

デモの作成には顧客の潜在的なPain（痛み）をいくつも書き出し、そのPainを製品が解決できるバリューと結びつけます。そして最後のステップで、そのいくつかのバリューをアハモーメントがあるワクワクするようなストーリーでつなぎ、顧客の記憶に残すことが大事です。

ストーリーで顧客の心に残すことがどれだけ大事かという説明をするには論より証拠です。ここまでの文章を読んで頂き、もっとも皆様の心に残っていることはどういった話でしょうか？

想像するにそれは、私がシアトルで体感したシングルマザーの話ではないでしょうか？涙を流しながら私たちに語り掛けてくれたあのシングルマザーのストーリーです。これは間違いなく本当の話ではありますが、シングルマザーが困っていた話やクリスチャンが自分たちのＷｈｙを作ることが大事という話には、一連のアハモーメントがつながるストーリーがあり、人間の記憶に残す力が宿っています。

ストーリーの力を使って、デモを聞いていただいているお客様に「この会社は顧客のことがよくわかっている」という共感を生み出したいのです。

あるワークショップに参加して勉強になった例があります。それは老人向けの補聴器の宣伝を紹介したものでした。補聴器を販売する際の悪い例は「この補聴器は特許取得済みで非常に品質が高い」という宣伝です。それはただの結果（Ｗｈａｔ）の説明なので他の製品と変わらないという評価をもらい価格の質問に移ってしまいます。

良い例として紹介がされたのが、おじいさん、おばあさんがお孫さんを抱いていて、そこに一言「聞きたい声があるから」というフレーズが添えられた補聴器のポスターです。補聴器を買おうとしている方々にとって、まさに自分が補聴器を買う理由がそこにあったのだと感じることができて、こういったことを思い出させてくれる会社への好感と製品への期待を抱かせてくれるのだと思います。この補聴器の例のように、お客様の潜在的な気持ちを掘り起こすような晴らしいデモを会社として用意ができているかどうかが重要になるわけです。

SS 営業部全員が語れるようになる

デモについて２つ目のポイントはそのデモを営業部全員が語れるようになっているかど

うかです。ＩＴ業界だとデモをやるのはＳＥと呼ばれる技術チームが担うという会社もあると思います。しかし、製品がデファクトになっていない会社は、社内の人員リソースが十二分にあるわけでもないと思います。

お客様との出会いは一回しかありません。二回目のチャンスはもらえないかもしれないお客様を前に、再度お時間をもらってＳＥがデモをします、という余裕などないのです。その瞬間その瞬間が勝負の中で、営業だけできちんとデモが出来ることがとても大切です。また人間は不思議なもので営業がデモを実施することにより、難しいかもという思いが薄れ、自分でもやれるかもしれないという気になってもらえます。不思議とお客様から気軽に質問も出たりします。あくまで大事なのはお客様に徹底的に使ってもらうためのきっかけを営業がつくれるかです。

営業が効果的にデモを実施するためには、製品を共通デモを実施するときにだけ使うのではなく、業務の中で普段使いすることも大切です。

SS 見せ方にこだわる

完全にしゃべれるように なるまで練習をする

3つ目は徹底的に見せ方にもこだわることです。見せ方と魅せ方の2つにこだわります。タブローの場合だとデータをマウスでドラックアンドドロップしながら可視化していく製品です。しかし、どういう軌道でマウスを動かすかでお客様に伝わる印象が変わってきます。インパクトがある見栄えにするためには細部までこだわることが大事です。

そしてもう1つは顧客を魅了する見せ方です。デモは一語一句間違いなく説明できたら終わりではなく、人を動かすためのデモが出来るように徹底的に練習をすることです。顧客の前でデモを実施するには社内テストをパスして初めて可能にするのも良いと思います。

私は入社した月にシンガポール出張とシアトルのブートキャンプの合計3週間海外でもまれ、残りの1週間は日本オフィスにて会社で用意してくれた人を動かす共通デモを徹底的に練習しました。そして、入社2ケ月目から本格的に客先に出て行きました。

完全にデモが話せるようにするために、昼食の時間も書き出したデモスクリプトをぶつぶつしゃべりながら昼食を食べていました。同じように話せるか、またはどういった抑揚やストーリーで伝えればアハモーメントがお客様に伝わるかまでこだわり、社内テストをパスしました。


補足ですが、SEリソースは案件獲得に絶大な効果を発揮するのでとても貴重です。どの案件、どのお客様に、その貴重なSEリソースをつぎ込むのか判断を見極めるのも営業の大事な仕事です。社内に「何故SEに手伝ってもらう必要があるのか」という説明責任が出来ないようでは貴重なリソースを社内で割いてもらえません。

営業デモを通じて確度が高いと判断したお客様には、SEに実際のお客様データを使ってカスタマイズデモを実施してもらったり、先方のエンジニアの方々に納得してもらうための高度な技術説明を実施してもらったりします。IT業界ではお客様とSEが強いつながりをつくれると、営業では真似ができない安心感がそこに生まれるため案件の確度も高まります。

SS 自社製品を自分たちが普段使いしているか？

次の事例アプローチに移る前に1つ重要なことをお伝えしておきます。デモの2つ目のポイントで営業が普段から製品を使うことが重要だということを書きました。普段からどういったレベルで使うかについては、日々の仕事の中で活用し自分達も製品から価値を実感できるまで、徹底的に使うべきだと思います。何故かと聞かれれば、そのほうが売れるからです。

まず製品に関しては多くの知識を得ることができます。デモ環境で使うのと実際の環境で使うのではまったく違ったレベルでの製品知識が得られますし、顧客の痛みである潜在ニーズも発見しやすいので、メリットを実感こめて伝えることができるようになります。この普段から使うことのメリットを2つのエピソードでお話しします。

ある日お客様にクレームの電話を頂きました。急いで駆けつけてみると、そのお客様から言われたのは「営業を変えて欲しい」という内容でした。

今までデファクトの製品を使っているが、今回世の中的にはまだマイナーな私たちの製品に乗り換えようかという検討している。今担当してくれている営業は最高にプロフェッショナルだが、製品を普段から使っているようには思えない。自分たちがしようとしているデファクト製品をやめてマイナーな製品に切り替えるという思いきった決断をする際に、プロの営業よりも営業力が低くても製品を使っている営業のほうが安心できる。この先私たちが何に困っているか、その意味や真意を理解できないほうが心細いというものでした。

もう1つのエピソードは、タブローがセールスフォース社に買収された際に考えさせられたものになります。セールスフォース社の中で当時、アインシュタインというＡＩ製品をもっていました。私たちが合流した際にこの製品もタブロー部門が管轄することになりました。

買収されたばっかりの時期に、重要なお客様訪問で興味本位にセールスフォースのＡＩ

は使い物になるのかといった質問を頂いたことがありました。私がどう答えるか迷っているときに、私の上司だった人がはっきり言った一言が忘れられません。

「まだわかりません。使ってないので」

上司は次回訪問時には必ず使った結果をもってお話させてくださいと伝え、お客様からさらなる信頼を勝ち得ていました。


製品を普段使いしていくと、その製品を好きになっていきます。さらにデモをしている最中に本当に製品が好きなのだという熱意が人に伝わります。それだけ夢中になる製品をお客様も好感をもって受け入れるようになります。皆様も売り込みたいからではなく、本当にその製品が好きそうだなという営業はわかると思いますし、そんな営業が勧める製品はきっと良いものだと思いますよね。ＩＴが苦手な私もタブローという製品を普段から使っていく中で、「真実の製品」だと社内外に言えるようになっていきました。本当に幸せなことです。

03

SALES SKILLS

事例は心を動かす最強の武器

初期フェーズの戦略的アプローチの2つ目は事例です。これも普通に「事例はありますか？」と質問すれば「ある」と答える方が多いと思います。

効果と社内展開

まずお伝えしたいのは事例には「効果」と「社内展開」の2つの種類があるということです。Land＆Expandのアプローチで思い出して欲しいのは、まずは1ライセンスでもお客様に導入してもらうことでした。Landする際にお客様に紹介する事例は、製品導入後の売り上げ拡大や時間削減などの「効果」の事例になると思います。しかしExpandする際に使う事例がもう一つの事例となる社内展開の事例になります。

社内展開の事例は何かというと、ライセンスを1つ導入してもらい、それを部全体に広げてもらう。さらに隣の部署でも活用してもらう。最終的には全社活用まで広げていった際にどうやって他のチームメンバーを巻き込んだのか？　どうやって部署以外のチームが使うための予算を確保出来たのか？　ＣＩＯを巻き込んで製品をＤＸ戦略に組み込めた方法は何になるか？　こういった展開方法を学べる事例は圧倒的な威力を発揮します。


お客様からすると導入した「効果」の事例はどこの会社でもあるものです。しかし、導入してからどうやって活用してもらい広げていったかという事例は、本当に活用されないと出てこない信頼の証です。Ｓｕｎの同期でＩＴ会社の社長をやっていた友人に「ＳａａＳ製品を選ぶ時のポイントは何？」と聞きました。

「その会社が社内で活用し展開するノウハウを知っていること。これを持っていないと、どんな効果があるとかすごく良いことを言われても信頼できないし絶対に採用しない」と答えたのを聞き、自分の中でも確信につながりました。お気づきの皆様も多いと思いますが、最初に1ライセンスを購入してもらう際にもこの「社内展開」の事例は顧客の心を動かす強い味方をしてくれます。

初期フェーズなのでまだ採用に至っている会社も少なく、まして展開まで進んでいる会社の事例が多くあるわけではないのも事実ですが、会社として事例を最重要視することが大事です。営業全員が意識し、会社の取り組みとして事例のバリエーションを持たせられるかどうかです。バリエーションは業界別かもしれませんし、社員数などの人数ベースに応じたものかもしれません。いずれにしろ製品の勝ち筋に合わせたものを意識してバリエーションを持たせられるようにしたいです。初期フェーズでは必ずお客様に事例になってもらえるようお願いしていきましょう。

ここで皆様から出てくる疑問があると思います。それは外部に向けた事例をお断りしている会社があることです。

断っている理由は非常にシンプルで、どこの製品を使っているか社外に知られたくないという思惑があります。エンタープライズ企業は色々なパートナーと連携しビジネスを実施しているので、事例を発表することがビジネス上で不適切なケースとなることも多いのです。

しかし、営業としてここで引き下がってはいけません。事例には2種類あるというのはもう一つの意味があります。それは、「社外活用できる事例」と「社内専用の事例」です。「社外活用できる事例」は通常の事例なのでここでは説明しません。

SS 社外活用事例と社内活用事例

「社内専用の事例」とは何でしょうか？　エンタープライズ企業では、隣の部署が何をやっているのか、どのような取り組みを実施しているのかを知らないケースが多いです。会社の規模が大きくなるグループ会社だと基本的に違う会社は何をやっているかわからないといった事態が頻発しています。現状維持、失敗しないことに比重を置いてきたエンタープライズ企業にとって他の部署が、もしくは他のグループ会社がどんなことをやっているかわかることには大きな意味があります。

それを共有できるのが社内専用事例なのです。社内専用事例は社外には出ていかない門外不出の位置づけですが、会社内やグループ内であれば共有を許されることがほとんどです。手に入りづらい他の部署やグループ会社の取り組みに対して営業が間に入り、紹介出来るということは営業としての信頼もあがります。

営業としてのさらなる狙いは、他の部署やグループ会社の事例を知ることで、現状維持ではなく逆に遅れを取ってはいけないと刺激を受けてくれることです。事例のやり方を真似て今度はもっと先に自分達がいかないといけないという思いに駆られ、一気に前に動かすことができるのが社内専用事例の素晴らしさです。

事例が生み出す効果はこの後も様々な場面で紹介しますが、この初期フェーズの事例にはつくり方に「効果」と「社内展開」の2種類あり、さらに「社外活用事例」と「社内専用事例」と事例の使い方にも2種類あるということです。

SS 自分の事例をつくる

最後に事例について、こだわって自分のチームに伝えていたのは「自分の事例をつくる」ことでした。これはCEOのクリスチャンが私たちに言ってくれた言葉をヒントにしています。Help Peopleの結実としてシングルマザーの話を圧倒的な迫力で出来るのは、クリスチャン以外にいないというのと同じです。

遠藤が担当営業として導入したお客様を全社活用までもっていく過程でつくった事例を、

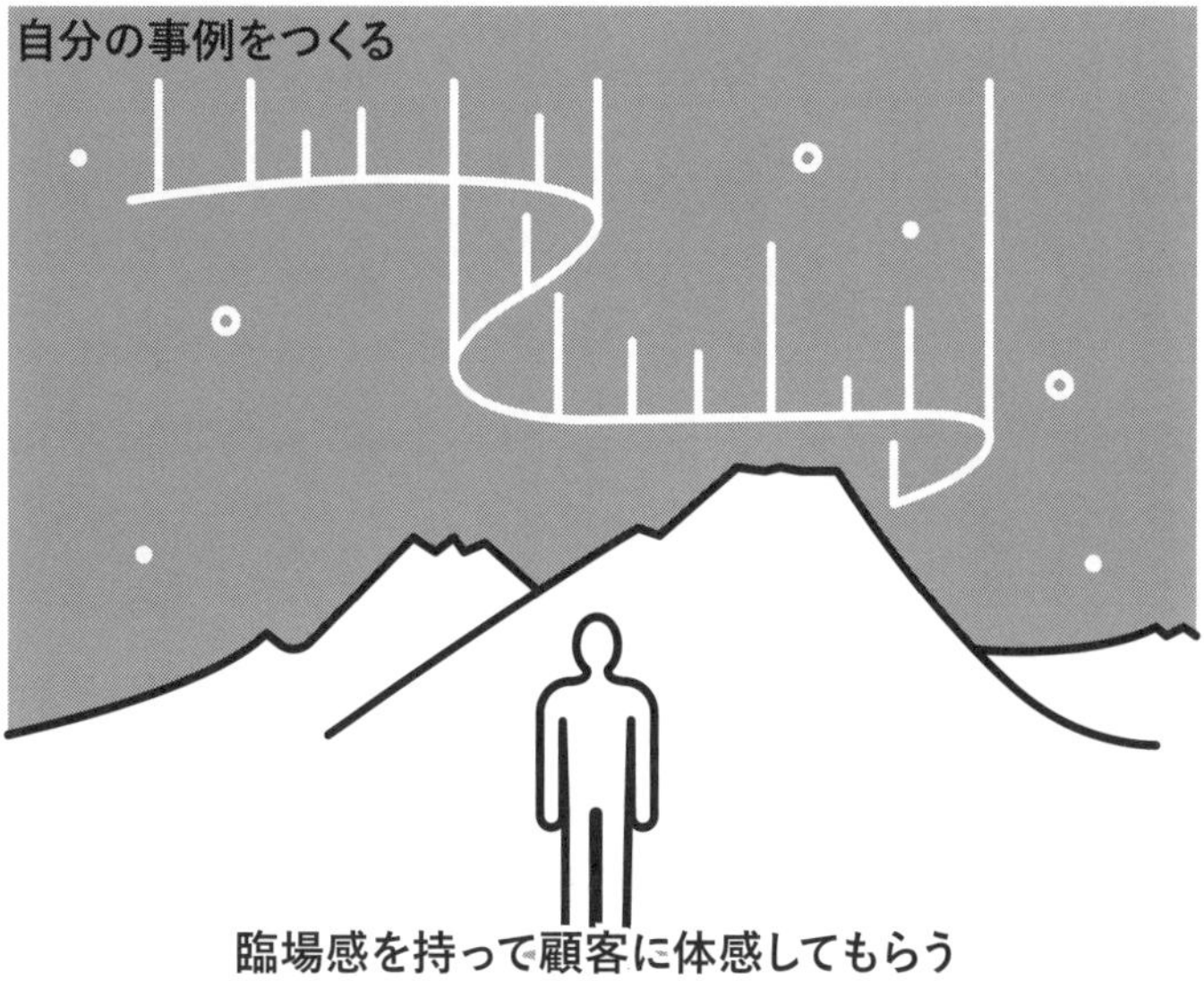
自分の事例をつくる
臨場感を持って顧客に体感してもらう

後から入ってきたメンバーにも紹介します。何度も練習してもらい同じようなトーンでお客様の前で話をしてもらいます。しかし、どこまでいっても私以上に話すことはできないと思います。

それは、言葉の端々に出てくる思いだけではありません。わかりやすいところで言うと事例を紹介した後に出てくる質問に対して、実際その場にいないメンバーでは答えられないからです。メンバーは私がつくった事例を一生懸命練習して、お客様に1ライセンスを入れてもらうことはできる。

ただ大事なのは、その後お客様

と一緒にライセンスを拡大していく過程で得られるノウハウを自分の事例として落とし込む。その事例を臨場感がある形で新しいお客様に伝え、まさにその場にいるように体感してもらえるようになれば、爆発的な勢いでライセンスが増えていくと。

04

SALES SKILLS

トライアルで体験を届ける

さあ初期フェーズ最後のアプローチについてお話ししていきましょう、最後はトライアルです。ここまでお客様にはデモ、そして事例というアプローチで臨場感をもって体感してもらっていたわけです。トライアルは実際に製品を使ってもらうことで、言葉での疑似体験から腹落ちの実感に変えるアプローチと言い換えられると思います。

ここで、皆様に共感頂ける〝あるある〟をお話しします。トライアル期間が2週間だとすると、2週間経ちそうなタイミングでお客様に状況確認の電話をします。そうして、言われるのはいつも同じセリフです。

「忙しくて試せてません」

あるあるですよね。ただ、このフレーズをお客様に言わせているのも営業としてアプローチが足りていないからだと思っています。この言葉を聞かないようにするにはどうすれば良いか2つの視点で解説します。

1つ目は週一回の製品体験会を営業が企画運営し、リードの誘導先を固定することです。これはいくつかの効果があります、まずインサイドセールスでもフィールドセールスでもリードを流す先が固定しているので、あれこれ迷わず可能性が高いリードを効率的に集めていくことが出来ます。一方フィールドセールスからすると可能性が高いお客様が集まる場でまずは製品を体験会で体感してもらい、その場で出た疑問や質問を直接フォローができるので非常に効率的です。

2つ目がGuided Evaluation（ガイデッド　エヴァリュエーション）と呼ばれていた2週間の過ごし方ガイドをつくることです。ダウンロードした初日はこの無料動画を見るなどといった具体的なステップガイドです。最近自分が実施しているワークショップで頂いた質問では、トライアルをしてくれているお客様から「まだ何もやっていないのに……」みたいな反応されてしまったけどどうすべきかというものでした。

まさにこの2週間の過ごし方ガイドがあれば、問題は解決です。ダウンロードしてくれた日に電話して「弊社の製品は非常に簡単で好評を頂いているのですが、ダウンロードから初回の起動だけは少し複雑なので、そのフォローと、この2週間を有効活用頂くためのステップをお伝えしたくご連絡させていただきました」と説明できます。

SS Give&Take

ただ、ここまでやっても「忙しかったから延長キーを出してほしい」と言われるケースはあります。しかし、ここで何も交渉せずに延長のライセンスキーを渡すのは弱い営業です。このまま追加で2週間の延長ライセンスを貸し出したとしても、2週間が過ぎようとして再度電話したら同じフレーズをお客様から聞くだけです。

営業は交渉することが仕事の1つです。与える代わりに何を得るかしっかり考え交渉することが大事です。それは2週間後に買ってくれるのか？　上長を含めた報告会をセットすることなのか？　他の部署の活用まで考えたトライアル数を増やしたトライアルキーを渡すことなのか？

必ずGive & Takeをするようにしましょう。その交渉がお客様を本気にさせてトライアル期間の終盤ではなく、延長したその日から使ってみることにつながります。

このトライアルの取り組みを特別スキームにして、重要なお客様だけに提案していたやり方についてもご紹介させて頂きます。

基本は2週間のトライアル期間を守ってもらい、購入してもらうことが大事です。ただ、もっと大局的に見れば毎四半期の最終日までにライセンスを購入してもらう仕組みを確立出来れば良いのです。つまり、それは3ケ月毎に私たちだけではリーチできない部門も含め、一定のボリュームでライセンスを購入してもらえる仕組みです。

この仕組みを実現するために、お客様の窓口を決めて会社のポータルサイトに四半期ごとに、例えば100ライセンスを配置し社内周知をしてもらいます。お客様に与える営業からのGiveは通常2週間のトライアル期間を2ケ月半まで大幅に延ばし、特別トライアルとして提供することです。営業が得るTakeはポータルサイトから全社に宣伝してもらうことや、トライアルを実感するための体験会の場所の確保やその社内宣伝をしてもらうことです。

さらに1ケ月経った段階では実環境で製品を活用する中で出てくる課題や質問に答える

トライアルスキーム (Expand)

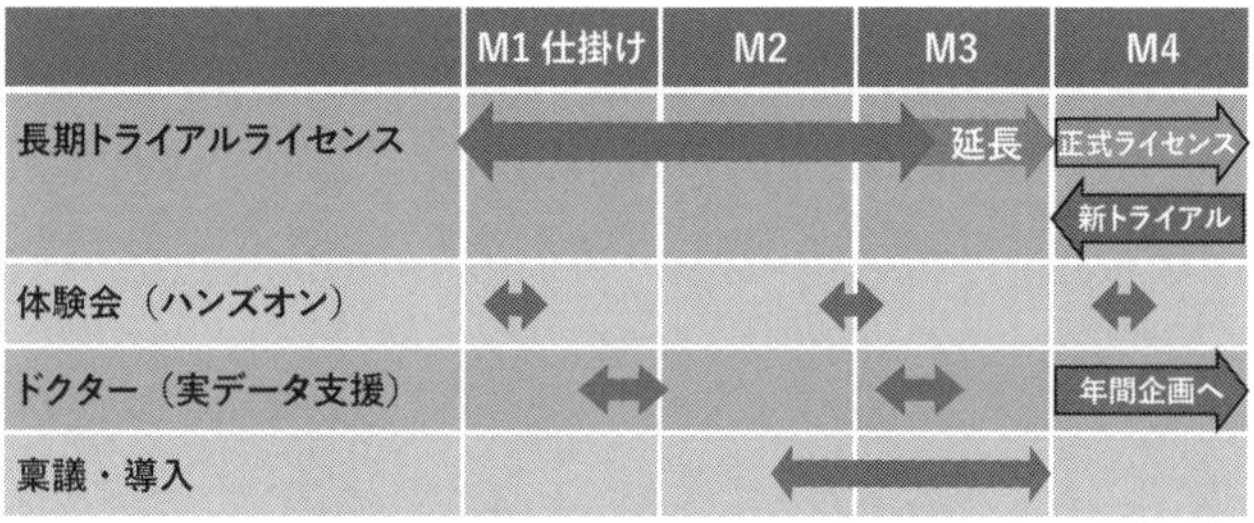

四半期ごとにライセンスが
販売できるスキームの確率

1. 会社ポータルに配置してもらいできるだけ多くの人が試す仕掛け
2. フォローアップの体験会や実際の支援（ドクター）
3. 最後に切れるトライアル期間をつくり稟議を刺激させる

ために、ドクターと呼ばれる個別フォローアップをお客様のオフィスで朝からやらせてもらいます。こういった具体的支援も行いながらトライアルが2ケ月が経つ頃には、現場でも実作業での活用に落とし込まれ、購入したい数量を窓口でとりまとめてもらうことができるようになるのです。

このスキームで重要なのは仕掛けるタイミングです。四半期ごとに購入してもらうということは、3ケ月の中で多くの人に使ってもらい、稟議から契約まで3ケ月の中ですべて回せるスキームにしないといけないわけです。

その場合、トライアルはいつから始めてもらうべきでしょうか。おのずと答えは出ていると思います。

最初の月に仕掛ければ2ケ月間トライアルで活用してもらうことができますが、四半期の2ケ月目から2ケ月の特別貸し出しを始めてしまったら、絶対超えてはいけない四半期の枠を超えてしまうのです。これは営業として絶対やってはいけないNG行為です。2週間の延長キーを出すとしても期末を超えるようなスケジュールのトライアルライセンスを出すことは営業としてご法度です。トライアルを延長した瞬間に、その四半期の数字が見込めなくなることを自ら招いてしまっています。


先ほども例として記載しましたが、特別スキームで2ケ月半もトライアルしていると実際の業務で使ってもらい、なくてはならない製品となった現場からすると、トライアル期限が切れて製品を取り上げられるほうが逆に困る状況になるケースがあります。窓口になっている部門に対して、トライアルが切れる前までに正式ライセンスを発行してほしいと、社内から社内へのプレッシャーをかけてくれるケースさえ出てきます。

何故3ケ月ではなく最大でも2ケ月半にしているかの狙いは、四半期を超えるようなライセンスを出さないことに加えて、トライアル期限が途中で切れることからくる現場からのプレッシャーを活用するためです。稟議上どうしても四半期の最終日にしか発注できないということであれば、そこで初めて四半期最後の日までの延長ライセンスキーを出してあげるのです。これを年間の施策としてお客様と握ることができればまさにExpandしていく上で最高のスキームができたと言えるでしょう。

約3ケ月トライアルを貸し出すということは年間の1／4使えるようにした。つまり25％の値引きをしたということと同じ意味になります。1年間の支払いをしてもらって、1年3ケ月使えるようにしたという言い方もできます。トライアルの延長というのは非常に奥が深いので、お客様との間のGive＆Takeの中でどのようにトライアルを位置づけるかは営業戦略としてとても重要です。

05

SALES SKILLS

営業は何をする仕事でしょう？

ここまでデモ、事例、トライアルの重要性についてお話をしてきましたが、営業はお客様に対して「何をする仕事」でしょうか？　営業の仕事は色々あると思いますので、皆様の頭の中に浮かんでいるどれもが正解だと思います。ただ、私がチームに伝えていたのは次のことでした。

「希望をつくり出し明るいイメージを体感させることが営業そのもの」だと。これを自分で体感したエピソードをお話しさせて頂きます。

SS 超一流の営業を受ける

33歳の時にその頃乗っていた小さい車が、道の真ん中で完全に止まってしまいました。エンジンが焼きついてしまったようでレッカー移動からそのまま廃車になりました。

駅から遠いところに家があったので、車がない生活は不便で新しい車を買うことに決め、小さい車に乗っていた反動からの憧れでSUVと呼ばれるような大きい車を買いたいと思っていました。

自分が外車好きだったこともあり、乗るだけはタダだと思って近くのAudiにQ5というSUVの試乗予約をしました。試乗をさせてもらった当日は、営業の方が助手席に座り、奥さんは後部座席に座ったのを覚えています。試乗してしばらく進み赤信号で止まった際に営業の方が私に話し始めました。

「遠藤さん、後ろを振り返ってもらえますか？　今は奥さんが座ってらっしゃるかと思いますが、近い将来お子様が隣に座っているかもしれません。また、今は私が座っているこの助手席にもお子さんが座っているかもしれません。家族で楽しく旅行に向かう最中です。少し怖い話をしますが、今前から車がいきなりつっこんでくるとします。でもこのQ5は車内の内枠がしっかりしているため、どんな車がつっこんできても車内の人間の命は守

営業とは
希望をつくり出し
明るいイメージを体験させることが
営業そのもの

ります。遠藤さんはQ5の価格が高いと思っているかもしれませんが、この価格には家族を守る安全代も含まれた価格なんです」

「遠藤さん、今ゴルフをされますよね？　週末この車でゴルフ場に行かれてエントランスでゴルフバッグをおろすところを想像してみてください。その際に先輩や後輩が寄ってきて、その歳でこんな車に乗っているのか！　遠藤さんすごい！　とみんな褒めてくれますよ」

私はその姿を想像し……なんとQ5を買ってしまったのです。

本当に買うつもりはありませんでした。私自身にはまったく買えるような価格ではありませんでしたし、試乗してみるだけだと決めていました。あの会話の中でどんな車に突っ込まれてもまで言ったか、もう15年も前の話になるので不明確なところがあるかもしれません。ただその営業の方が私に対してやってくれたことが、まさに「希望をつくり出し明るいイメージを体感させること」でした。

後日談になるのですが、あまりに素晴らしい営業だったので、営業してくれた方の名前をGoogleで検索してみたところAudiの営業コンテストでもチャンピオンになった方でした。もちろんそのときにそんなことは一言も言っていませんでしたが、超一流の営業から購入した経験は本当にラッキーだったと思います。

しつこく繰り返して恐縮ですが、皆様が販売する製品がデファクトの製品であれば今までお話ししてきた初期フェーズのアプローチは必要ありません。しかし、皆様が今チャレンジャーとしてエンタープライズ企業のお客様を攻略しようとしているのであれば、明るいイメージを体感させお客様の心を動かさないと何も始まらないのです。

お客様の心を動かすゴールデンサークルを軸に明るい未来を体感させる事例、デモ、トライアルの3点セットを会社として用意出来ていると言い切れますか？　ここまで読んで

3点セット

Demo　事例　トライアル

明るい未来を体感させ実感させ人を動かす

いただいておわかり頂けているように〝ある〟という事実では足りません。自信を持って心を動かせるレベルだと言えるでしょうか。明日からやることが多いのは良いことです。３つすべてをそのまま取り込むのではなく、自社の勝ち筋にあわせて取り組んで頂き「自社の型」をつくってください。

06

SALES SKILLS

営業先のチャンピオンを探せ

ここまで営業初期フェーズのLand&Expandについてお話をしてきました。この章での最後の質問です。

「この時期の狙いは何でしょうか?」

ここまで読んできてくれた皆様はわかっていると思いますが、狙いは1ライセンスでも導入をしてもらうことでした。ただ、その先にある大事なことをここでお伝えさせてください。

私は担当営業のときでも、エンタープライズの営業マネージャーのときでも有名企業に1ライセンスでも導入いただいたら、ものすごく喜んでいました。しかし、この先の大事なことが出来ていないとしたら、結局のその1ライセンスは1ライセンスで終わってしまうのです。再度お伺いします。

「この時期の狙いは何でしょうか?」

皆様も少し考えてみてください。初期フェーズで意識して取り組むべき大事なことです。

その答えは「チャンピオンを見つける」ことです。まだ製品が有名ではない初期フェーズに購入してくれたようなお客様の位置づけは、イノベーター理論でいうところのイノベーターかアーリーアダプターの方々です。別の言い方をすると非常に珍しい方なのです。私たちが狙うのは1ライセンスをきっかけにしたその後のExpand(拡大)です。

となると、16%のところに大きく空いている溝(キャズム)を飛び越えることです。会社の中でのアーリーマジョリティが使い始める16%のTipping Pointを超えることです。この溝を誰と一緒に飛び越えるのでしょうか? その仲間がイノベーターもしくはアーリーアダプターであるチャンピオンなのです。

チャンピオンがどういう人かもう少し詳しくお話をさせてください。チャンピオンは2種類のタイプが必要と言われています。

私たちが超えなきゃいけない溝は深い

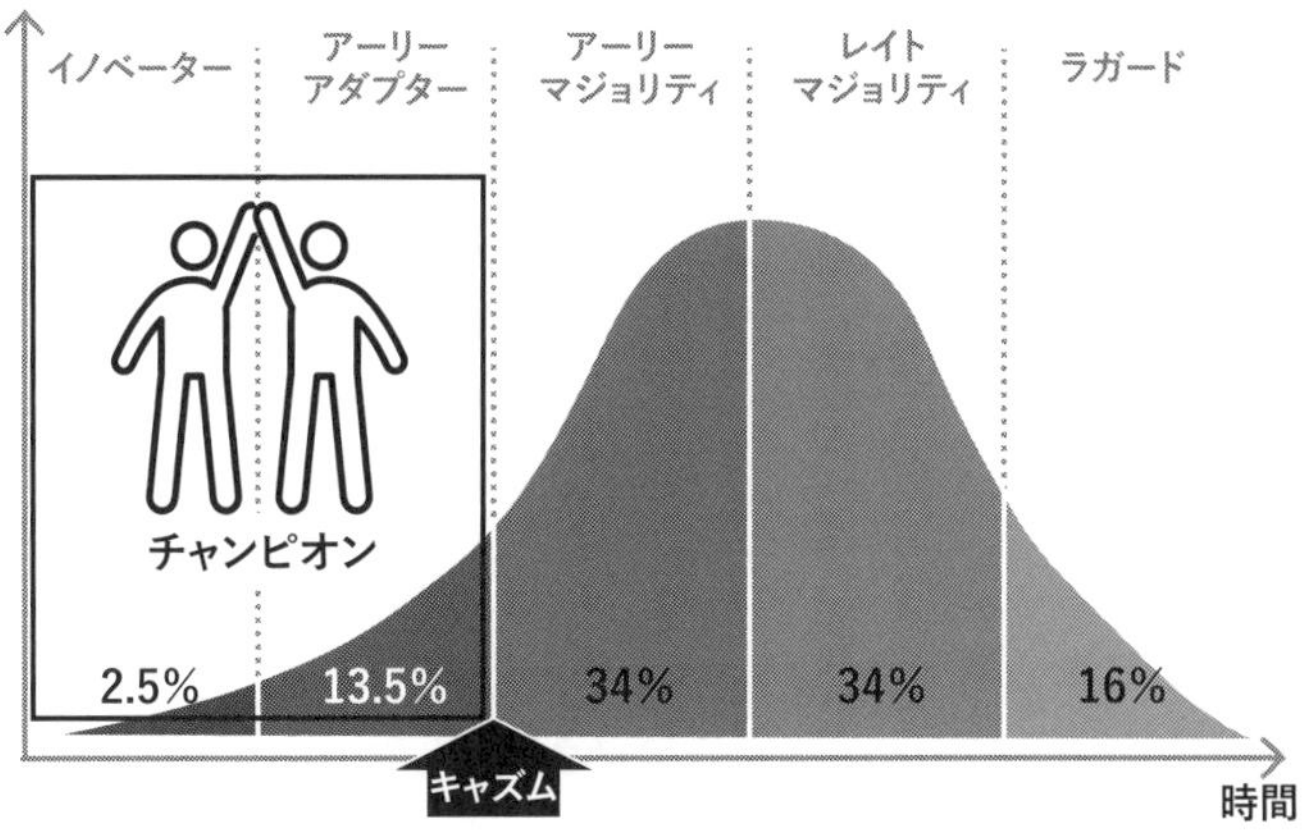

16%のTipping Pointを一緒に超える（全社活用へ）

1人目はテクニカルに優れた人です。皆様の販売している製品によって変わってくるとは思いますが、要は製品をうまく使える人です。

2人目は社内ドライブが得意な人です。この方は製品はそんなに使いこなせないのですが、製品が生み出す価値を理解し、それを社内に吹き込み、ドライブをかけてくれる人です。

Land & Expandの時期は出来ればこの2つの要素を兼ね備えた方を見つけたいというのが本音ですが、これは理想論だと思います。IT部門にテクニカルに強い人を、ユーザー部門にドライブが上手い人を探すという視点で良いと思います。

営業とはチャンピオン探しの旅

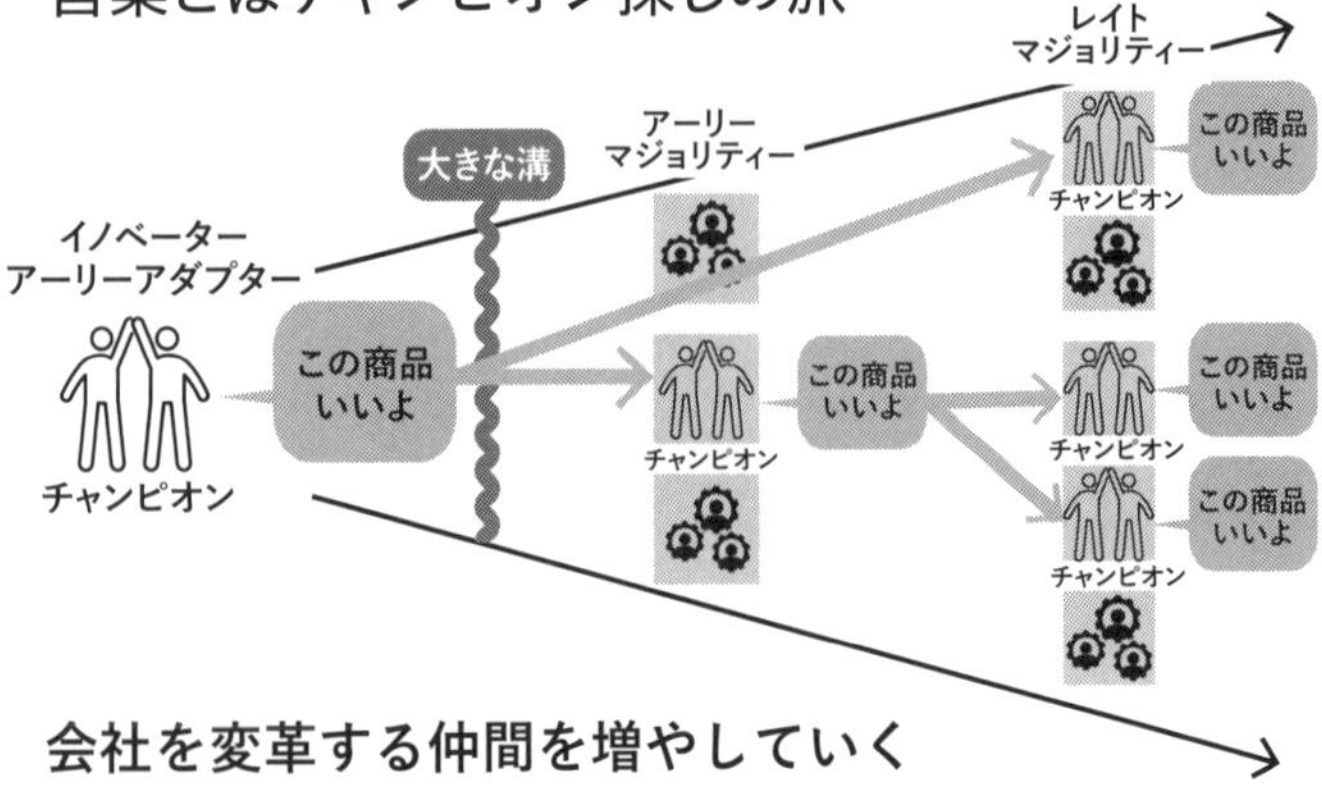

会社を変革する仲間を増やしていく

1. チャンピオン自身の成功体験を支援する
2. チャンピオンが代わりに社内営業してくれる
3. チャンピオンをヒーローにする

SS チャンピオンの条件

チャンピオンの条件についても3つの視点でお話します。

まず1つ目は20代、30代の若手社員です。これは年齢で差別するわけではありません。世に出ている営業本にはディシジョンメーカーを見つけてくることが営業の常套手段として書かれています。そのためわかっていない営業部長が「お前たちはディシジョンメーカーを見つけられてるのか?」みたいなとんちんかんな話をします。

そもそもデファクト製品になって

ないようなものを扱っている営業が、いきなりエンタープライズ企業の部長や執行役員などのディシジョンメーカーと会うことは出来ません。この指示を出している時点で現場に混乱を与えているのです。

そうではなく、狙うのは20代30代の社員であり、2つ目は会社を変革しようとするパッションを持つ方です。3つ目は、そうはいってもディシジョンメーカーにアクセスできる方というのも大事です。1年目の新入社員で、部長とは話をしたことがないような方では時間がいくらあっても足りません。

営業としてチャンピオン候補を見つけられた場合はその人に必要なエンジニアリソースもつぎ込み、製品を徹底的に使って成功体験をしてもらう必要があります。世に言うQuick Win（クイックウィン）です。

成功体験を通して社内変革につながる製品だと確信してもらう必要があります。そこで製品や会社が持つWhyに共感するような体験をしてくれたのであれば、そのチャンピオンがキャズムを一緒に飛び越える仲間になってくれます。

会社の中でアーリーマジョリティやレイトマジョリティの歯車でない、そのレイヤーのチャンピオンを見つけ出し仲間にしようと、我々に代わって社内営業をし始めてくれます。1万人の会社で我々営業は1万人全員に会うことは出来ませんが、しかし社内の人間であれば、チャンピオン候補をそれぞれのレイヤーの中から見つけ出し、説得してくれるのです。チャンピオンが仲間を集めていき、いつかはヒーロー大集合のようになっていくのです。

チームメンバーによく伝えていたフレーズは「営業とはチャンピオン探しの旅」でした。皆様のお客様にも本当にチャンピオンと言える人がいますか？

いないのであれば、旅を続けてチャンピオンを探し出す必要があります。チャンピオンがいないと全社活用についてお話しする第4章も、第5章でお話しする大型商談のクロージングも起きません。それぞれの章でチャンピオンの果たす役割についてはまたお話しをさせていただきます。

第2章

基本に戻れ
Back to Basic

01

SALES SKILLS

営業のインプット

この章では私が体験してきた人生を変えてくれた営業スキルについてお話ししていきます。

私はラッキーだったと思います。最初に就職した会社にやってきた営業トップがとにかく勉強熱心な方で、営業全員に読書感想文の課題を与えたのです。ぬるま湯の中にいた自分はこんなことに意味があるのか？　と半分強制的に出された課題図書にうんざりもしました。その読書感想文はマネージャーも含む営業全員が提出するので、何百もの読書感想文が提出されたわけですが、その営業トップはすべての感想文を読んでくれました。

特に感想文としても学びが深いものは、全社員にこの感想文は素晴らしかったと社内展開をしてくれたのです。私の感想文も1度だけ社内全員に展開してもらいました。何故自分の文章が目に留まり展開してもらえたのだろうかと分析をし、意識が変わったのを覚え

読書感想文

ています。

会社のお金でグロービスも積極的に受講させて頂きました。20代にインプットする癖をつけてもらい意識出来たのが営業に資格は必要ない。しかし一流の営業になるためには、大量のインプットが必要であることでした。

読者感想文の取り組みでも、そこから何かを得ようとする意識があるのとないのとでは、まったく違った未来があったと思います。この本も同じです。ＩＴが不得意だった1人の営業のサラリーマン日記として捉え楽しんで読んでもらい、苦手でも逃げずに何かをやってみようという明日からのやる気を得てくれるのも嬉しいです。ただ、それとあわせて、自分の人生を最高にするための運命を握っている、生きる自信を勝ち得るスキルをこの本から学び、素晴らしい人生を送りたいと思ってもらえるとなお嬉しいです。

02

SALES SKILLS

リードから始まる明るい未来

営業の起点はリードです。この本を読んでくれている方にはインサイドセールスの方もいると思いますが、このリードがすべての始まりです。今から楽しいことが始まるという気持ちでいましょう！

元気良く書きましたがこれがあまりに建前で、これを毎日続けられるのは戦時中の軍隊のように、精神コントロールをしたブラック会社だけだと思います。私もそうでしたが毎日のこのリード対応が大変だし、もっと言えば怖かったというのが本音です。電話をしてもすぐ切られる。相手にしてもらえず、人間としての価値を否定される気分になります。私も同じでした。

SS 作業興奮

私が言っていたのはむしろ毎日同じ気持ちで電話をかけ続けるために、自分の気持ちを一定に保つようにコントロールしよう、ということでした。

覚えてもらいたい言葉があります。それは「作業興奮」という言葉です。月曜日の朝9時にフルスロットルのやる気満々で仕事している人は世の中に少ない、というのが私の持論です。私もその1人ですが、この作業興奮という言葉は何かというと嫌々でも作業を始める中で「あれ？　期待していなかったけど先ほどの電話の感触は良かった」「短い会話しかできなかったけど、次につながる会話ができた」「おっ、すごくスムーズにデモができた」など良いことが起きてやる気がぐんぐん起きていくのが作業興奮です。やる気はなかった自分がガンガン頑張っちゃう方向に導かれていくというイメージです。私は毎日この作業興奮を自分に言い聞かせていました。また嫌な思いをするかもしれないけど、始めたら何かが見つかるはずだと。

作業興奮を軸にチームと共有していたのは次の3つでした。

①習慣にする

作業興奮という言葉はお伝えしましたが、それでも傷つくこともあるのがこのリード対応です。それなら習慣化させ、自分の中で痛みを感じないようにルーティーン化していきます。具体的には一週間の中で電話をかける時間を予めスケジュール化して、この時間は電話をすると決めてしまうのです。中小企業を担当するＳＭＢチームではデータから出てくる事実に基づき、いつ電話すると最も取ってもらいやすく、どの時間だとお客様が元気で案件につながる可能性が高いか確認して、時間を決めていました。当たり前ですが、月曜日の朝9時に電話しても、どの会社も朝会をやっていて電話なんか取ってくれません。

②行動量を見る

リードからコンバージョン（案件化）するにあたり最も貢献する要素は行動量だと思います。その会社で売れまくっている超優秀な営業がリードに電話しても、駄目なときは駄目なのです。それはタイミングかもしれないですし、リードの質かもしれません。しかし、行動量をあげる中で確実にコンバージョンされる数は増えていきます。ＫＰＩとして設定するのであれば、コンバージョンされた数や金額を見てしまうと、渡されたリードの質などもあいまって不公平感が出てしまいます。重視するのは1日何件電話したかという行動量だと伝えて、チームを鼓舞していました。気持ちを安定させるためにも、行動量にフォーカスするのが大事です。

③言い訳をしない

最後は言い訳をしないです。②でも説明しましたが行動量をもってどれだけ頑張れるかで勝負は決するのです。しかし、人間なので金曜日の午後はみんな飲みに行くことばっかり考えて営業の電話なんて誰も真剣に聞いてくれない。ランチ後の時間に電話すると眠くてダメだとか、何かしらの言い訳をつくって自分が電話をかけないことを正当化するのです。言い訳をしないというのが最後のポイントです。

この3つの視点で日々リード対応を安定した気持ちでやり続け、作業興奮でさらに気持ちが乗ってくると、楽しみながらも貪欲に活動量をあげることができました。

SS リード獲得

ここで起点になるリードの獲得についてもお話しさせてください。

リードは主にマーケティングチームがつくってくれるものです。最も案件化しやすい強いリードは第2章でお話ししたトライアルから出てくるリードだと思います。ですが、売れていない会社内でよく揉める会話として、マーケティングチームにはリードをもっと寄越せ、いや営業がもっとしっかりフォローして案件化してほしいという話があると思います。

チームと実行し意識づけしてきたのはマーケティングチームだけでなく、営業こそリードをつくる責任があるということです。待っているだけで自分が狙いたいエンタープライズ企業のリードなんて入ってきません。

営業がつくるリードには色々な手法がありますが、参考に一つだけアプローチを紹介させてください。それはエンタープライズ企業の本当に上の方のリード獲得です。究極でいえばＣｘＯです。ＣｘＯとは「Chief（組織の責任者）」「x（業務や機能）」「Officer（執行役）」の頭文字が組み合わさっており、ＣＥＯ（最高経営責任者）やＣＩＯ（最高情報責任者）を代表するそれぞれの部門の経営責任者をまとめて表現する際に使います。

会社の上層部にあたるＣｘＯのリード情報は、どんなにお金をかけてマーケティング活動をしても入ってくることはありません。リードが入ってくることを待っているだけではエンタープライズ企業に立ち向かうことはできません。

ＣｘＯと呼ばれる方々は、会社を代表したイベントに参加して戦略などを発表する機会があります。経済団体や日経が主催するイベントなどにも会社を代表して参加されることも多いです。そういった講演会の聴講費用は有償かもしれませんが、思い切って参加するのです。

ＣｘＯが講演をされた場合にやることはただ一つ、最初に質問をすることです。どんな方でも今日の講演がうまくいったかどうかは心配しているものです。そこで最初に手を挙げ質問する機会を得ます。講演で感動したポイントを本気で伝え、核心をつくような質問をすることで印象を残します。その後の名刺交換の時間で、最初に質問させていただいたお礼を嫌らしくない程度にアピールし、後日正式に訪問させて頂きたいと伝えます。

質問するような時間が設けられていない会でも、休憩時間があれば狙っているＣｘＯの後ろに向かい名刺交換を申し込みましょう。ＣｘＯは会社を代表されている方々なので、しっかりとした対応してくれることが多いです。「□□会社の遠藤です。日頃大変お世話になっておりましてありがとうございます。おかげさまで△△事業部で弊社の製品を活用頂いており拡大の検討も頂いております」と話をすると間違いなくそこで導入頂いている1ライセンスのことを知らなくても、返ってくる言葉は「普段大変お世話になっています」という一言です。

何が言いたいかというと、欲しいリードがマーケティング活動で入ってくることを前提にした分業モデルを崇拝しすぎてはいけないということです。エンタープライズ企業を突破しようと意気込んでもリードが入ってこない時点で、破綻するケースが出てきてしまうからです。営業としてどうやったら会いたい人に会えるかを考え続けることが大事です。その試行錯誤の中で偶然と運が回ってくるのです。

リードは営業が単独でつくることはできませんが、マーケティングチームと協力してどうやったら欲しいリードが獲得できるのかという、他責ではない責任感が重要です。

03

SALES SKILLS

メールの書き方

リードをフォローするのにメールも大切な武器の一つです。メールの書き方についても大切なことをいくつかお伝えしたいと思います。

リードに対してメールを書く際にもっとも重要なことは、マスメールだと思わせないということです。どんなに手間でも、その会社や個人に関する固有の情報をメールに入れ込んでいくことが大事です。

私も1日に何十通もメールすることがよくありました。メールの中身は新製品発表会へのお誘いだとします。一番やってはいけないのは、一斉メールです。一斉メールは誰でもいいから送っていますというメールですが、誰も読みません。自分も読みません。どんな些細なことでも（むしろ些細なことのほうがよく見ていると思ってもらえるかもしれません）とにかくその人にちなんだ文章を添えてメールします。どんな些細なことでも良いと書きましたが、もちろんなんでも良いわけではなく、その際に意識するのが「Why Now、Why You」です。何故「今」送っているのか、何故「あなた」なのかということが大事で、新製品発表会とお客様をつなぎあわせる一言が大事なのです。

メールの文面は長いほうがよい、いや短いほうがよいなど非常に奥が深いです。ABテストのように仮説検証を楽しむ場だと思って題名を少し変わったものにして返信率を比較してみたり、メールではなく封書の手紙で送ってみたりと、実験を楽しむ中で返信率が高くなる方法を探り続けましょう。一番良い方法の結論はいつまでたっても出ない世界ですが、チームで情報交換しながらベストな方法を探し続けていくのが大事です。

SS 毎日やりきること（Back to Basic①）

ここで重要な話をさせてください。前の章でお伝えしたLand＆Expandですが、この時期は大変苦しい時期です。勝ち筋が確立していない中で、製品を買ってもらうための試行錯誤を繰り返します。この苦しい時期に私を支えてくれた言葉がありました。それが

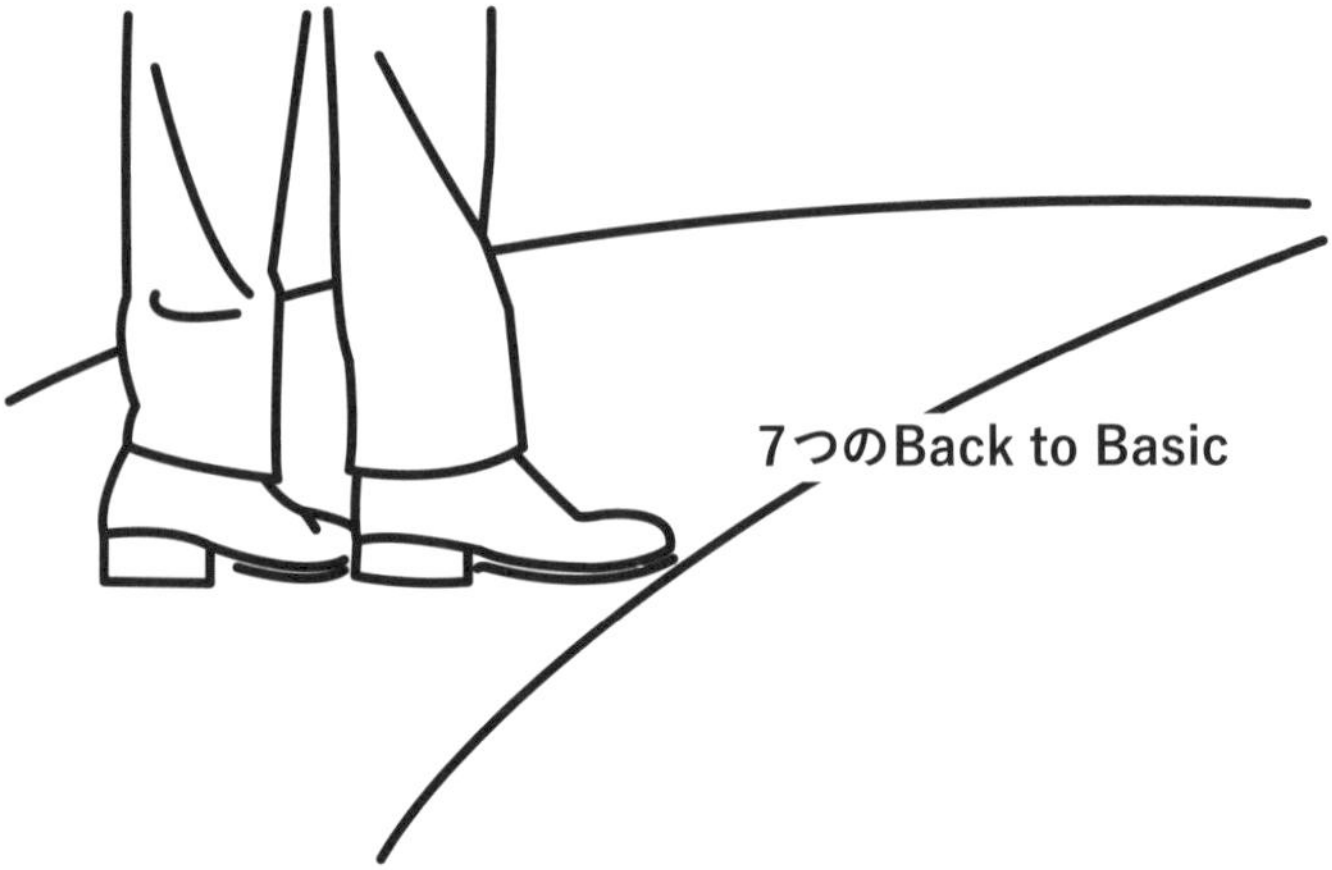

7つのBack to Basic

「Back to Basic」です。基本に戻れという英語ですが、苦しいときに営業としての基本は何かを自分たちに言い聞かせ、鼓舞する言葉へと変化していきました。

　私が入社した当初のオフィスは本当に狭く、隣の人の電話の声のせいで自分のお客様との会話が聞こえなくなるくらいでした。そのため今では誰も使ってないような、周りの音を全部シャットアウトする大きなヘッドホンをつけて、電話をし続けていました。苦しい中だからこそ、業務時間が過ぎる夕方あたりになると誰かしら音楽を流してくれて一日を振り返る時間にしていました。その中でこのBack to Basicというフレーズを誰かが叫んだりしてくれました。

この本の中で7つ、大事にしていたBack to Basicをはさんでいきますが、どれも自分を鼓舞してくれたものです。

Back to Basicの1つ目は「毎日やりきること」です。

メールの対応の流れでお話をさせていただくと、これはタブロージャパンの初代社長が繰り返し私たちに教えてくれたものになります。営業は毎日やりきることが大切であるという教えでした。メールの返信にしても、必ずその日にすべてやり残すことなく返信しきっているかということです。すべてのメールに返信しきることが大切なのではありません。世界的ベストセラーの「7つの習慣」の中にも出てきますが事象を4つにわけます。A：重要かつ緊急　B：緊急ではないが重要　C：重要ではないが緊急　D：重要でも緊急でもない。

ここでいうDはPriorityが0なのでむしろ対応してはいけない仕事となりますし、Aが重要かというとそれもまた間違っています。重要かつ緊急である事象はいわゆるトラブル

メールの対応 (Back to Basic①)

毎日やりきることが大切

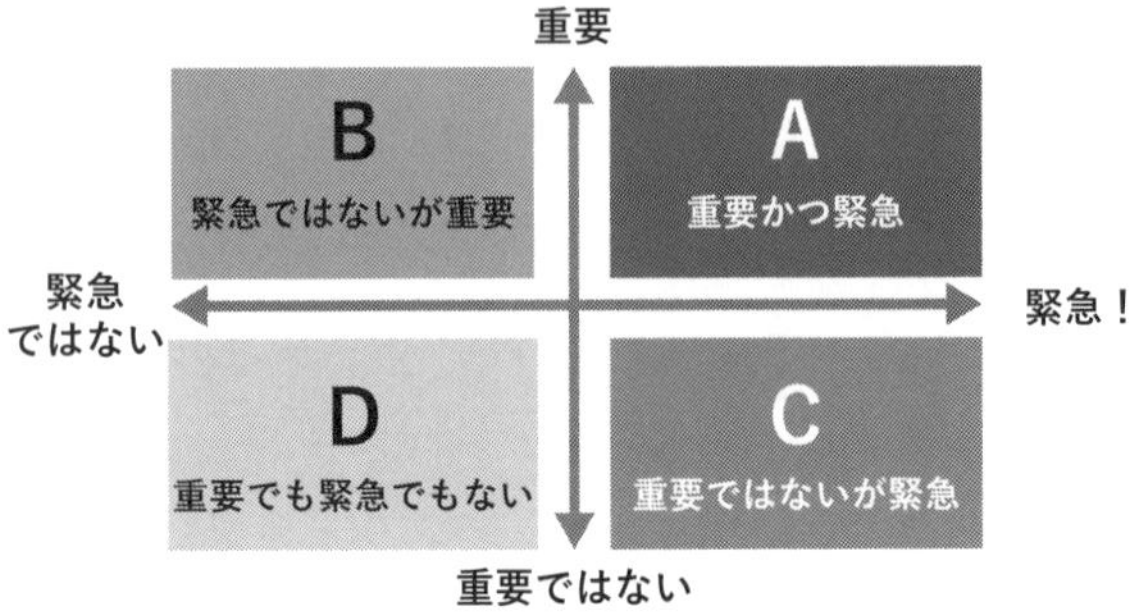

1. 返信は即レス
2. 特価承認などの演出はする
3. 生活パターンまで読む

であり、重要な事象を緊急にしてはいけないということです。

大事なのはBにあたる仕事を毎日やりきるということです。メールを返信しないと2つの勘違いを引き起こす可能性があります。

①メールの返信がこないということはメールが届いていないのではないか？　と余計な心配をさせてしまう。

②メールを返信してこないということは、今ものすごい提案書をつくってくれているのかもしれない。

②は特に素敵な勘違いを引き起こしており、これで2、3日後に短い文で返信がきたら、その時点でお客様

をがっかりさせてしまいます。Bに当てはまる緊急ではないが重要なメールに関しては必ず即レスを求めていました。

Bの事案でも即レスではないパターンもあります。例えば、値引き要求に対応するメール返信をする場合です。

値引きをせずに販売することが大事だと思いますが、どうしても年度末に間に合わせるためなど、特別な理由で実施するケースもあると思います。

そんな際に私は値引きへの返信は深夜の23時頃にするようにしていました。それは日米の時差を考慮してのことでした。日本の深夜23時はアメリカ時間の朝の9時とかにあたるわけですが、遠藤がアメリカ本社と値引きの交渉をした結果として返信をしている、という印象をお客様に与えるためです。

実際に本社と交渉したパターンもありますが、日本国内の承認で済んでいる場合もあります。しかし、返信はアメリカと交渉した時間にすることでお客様にも最大の値引きを引き出したという印象を残し、営業がアメリカ本社にまで交渉したのだからこれ以上深い値引きは要求できないということを理解して頂く効果もありました。これを記載することで過去のお客様は嫌な思いをさせているかもしれません。ただ、購買部に所属されているお客様はお客様で、限界まで値引きをさせたのかを社内に報告する義務があったので、このような時差を考慮したメールが社内説得に役に立つケースもあったのです。

メールを送るということで同じく時間を意識していたのが朝の時間でした。私のサラリーマン時代の最後は執行役員という役職を頂いていました。その役職では、エンタープライズ企業のCxOと呼ばれる上層部の方々のアポ取りも重要な仕事です。そういった偉い方々から確実にメールの返信をもらうにはどうすれば良いかですが、確実に読んでもらえて、返信をする余裕がある時間にメールを送ることでした。

値引き対応メールは特別対応なので例外ですが、悪いメールの送り方は定時を超えた非常識なメールです。営業としてはメールを送っておくことでやり切った満足感があるかもしれませんが、例えばお客様がお酒を飲みながら携帯でメールを読まれてしまったら、かなりの確率で読み飛ばされてしまい返信はきません。

会社の上層部の方々は9－17時の時間はすべての時間が会議などで埋め尽くされています。メールを読むとしたら携帯でななめ読みという感じです。そういった方々が最も大切にしているのが朝の時間です。

私は7時半から8時半までの1時間をゴールデンタイムと呼んでおり、メールの文面は前の日までにつくっておきます。重要なメールなので、朝に最終チェックをしながら7時半から8時半までの間に随時メールを送るようにしていました。この時間の返信率は業務時間に送ったものと比べると圧倒的に高かったです。お客様の生活パターンまで推測してメールの対応をやり切ることが大切です。

ある外部セッションを拝聴していた際に、営業からのレスポンスという観点でお客様が期待している応答時間のアンケート結果を教えてもらいました。最初の返信までの期待時間で1時間以内が20％超、4時間以内の返信期待が45％。70％のお客様は最初の返信は最低でも1日未満を求めているそうです。

質問の解決までの時間も70％が2日以内を期待しているという結果も出ており、いかに営業にクイックレスポンスが求められているかという証明でもあると思いました。

04

SALES SKILLS

電話

リード対応でメールに続き電話に関してもお伝えします。最初に伝えたい基本は「人間味が大事」ということです。

スタートアップ企業向けのワークショップを開催していて気づいた事実として、アポ取りは外部委託にしている会社が多いことは理解しています。リソースをやりくりの中で割けないというのもわかりますが、できれば自社にインサイドセールスを用意するのがベストだと私は信じています。何故かというと最初にお客様とコンタクトするのがインサイドセールスのメンバーだというのが答えであり、Ｗｈｙを込められる人であればあるほど、その後のコンバージョン率はあがるからです。

伝えるＷｈｙを磨くために、インサイドセールスの立場の営業は、定期的にフィールドセールスに同行させてもらいＷｈｙをお客様にどのように伝え、お客様が実際どのような反応をしているかを体感させてもらうことが大事です。インサイドセールスにアポイントを取得してもらっているフィールドセールスは強い感謝と、獲得したアポがどのような結果につながったかを共有することが、一緒に戦っているパートナーとの絆に好循環を生み出します。インサイドセールスはアポ獲得への情熱もあがりますし、フィールドセールスもどういったアポをつくってほしいか伝えるきっかけにもなるので、あうんの呼吸が生まれてくるのです。

リードに電話をする際には十分な事前準備が必要となります。以前、とある営業にその準備があまりに素晴らしかったので詳しい話を聞いた経験がありました。まさに人間味を感じるエピソードだと思います。

起業後にワークショップの中身をブラッシュアップしていた際、どうしても前職の資料を参考にしたかったのですが、退職してしまったので資料が手元にありませんでした。そのため、ホームページより資料をダウンロードさせてもらい勉強させてもらうことにしました。ダウンロードした次の日に、まず携帯に電話がかかってきました。

「セールスフォースで営業をしている○○です。遠藤さんでよろしいでしょうか？　今回はホワイトペーパーのダウンロードありがとうございました。御社のホームページを拝見させて頂き、遠藤さんが弊社の元役員ということを知ったのでこれ以上ダウンロードされた資料の中身について私からお伝えできることはないのですが、ホームページを拝見していたら営業ワークショップだけでなく将来はホテルやカフェなどもつくる予定だと知りました。そうなると近い将来にホテルを周知するマーケティングオートメーション（ＭＡ）の仕組みや、その宣伝にお客様を連動させるＳＦＡの仕組みも必要になるかもしれないと思いまして」

私がつくった拙いホームページの端のほうにある情報まで目を通し電話をしてくれたことに大げさでなく感動しました。私はまだホテルをつくるのが先であることを丁寧に伝えて電話を切らせてもらいましたが、さらに次の日に次の内容が入ったメールを頂きました。

「私は今年セールスフォースに入社した新卒です。私も一生懸命仕事をしていつか起業しようと考えています。いつか遠藤さんのようになれるように努力しますので、また色々教えてください」

そのメールにはしっかり製品のアピールも入っていましたし、ここまで人間味がある対応をしてもらえると人間として返信したくなるし、必要になったらまず彼から話を聞きたいと思うわけです。

毎日のように入ってくる営業電話や営業メールにしっかりとした前準備や人間味を入れることが、コンバージョンの確率を1%でもあげてくれます。他の外部セッションを聞かせて頂いた際も驚きました。

超有名日本企業のインサイドセールスの部隊は電話をする際に、地方の工場だと現地には行けないので、Google Mapのストリートビューを使って工場の外観などをすみずみまで見ているそうです。これを繰り返していると、どんな特徴の工場かもわかるようになるし、どんな問題を抱えている可能性があるかまでわかるようになってきます、という言葉を聞いたときにインサイドセールスの誇りとかっこよさに感動しました。

SS コールスクリプトとヒアリング項目について

電話で重要な役割を果たすコールスクリプトについても触れておきます。Ｗｈｙが重要だと叫び続けていましたが、最初の電話でＷｈｙだけ伝えるのは難しいので、逆に準備しておきたいのはＷｈａｔ（どういった効果があるか）です。入社したばかりのインサイドセールスも安心してお客様との会話に入っていくことができると思います。

電話の中でヒアリングしたい項目ですが、聞きすぎるとアポが取れないし、あまり聞かなすぎると無駄な訪問が増えるという、永遠のテーマだと思います。絶対にLandしたいターゲット企業はヒアリングよりもアポ取りを優先するなど、フィールドセールスとインサイドセールス間で柔軟に調整ができるスキームにしておくと、実践的でうまくいくと思います。

ヒアリングしたい項目は次の５つをお願いしていました。

①お客様のPain（痛み）
②トライアルの実施有無（感想も）
③導入時期
④予算の有無
⑤営業との打ち合わせで聞きたいこと

魔法の言葉

もちろん自分でもリードに電話をかけていましたが、お客様の立場からするといきなり電話がかかってきてこのヒアリング項目をバンバン聞かれると、嫌な気分になったりするものです。どうしたものかと思案していたら、タブローで最初に組んだ営業が魔法の言葉を教えてくれました。

「遠藤さん、この言葉を前置きにしてから聞くと意外と簡単に聞き出せることが増えますよ。それは「ち・な・み・に」という言葉です」

その後、自分でも使ってみるとなるほど、これは使える！　と思ったものです。聞きにくい質問をする前に申し訳なさそうに「ちなみに、予算とかってあるものなのですか？」。うん、聞ける、教えてくれる（笑）。

そうすると小さいオフィスのあちらこちらで「ちなみに〜、」「ちなみに〜、」と皆が〝ちなん〟でいるのが聞こえてくるのが面白かったです。ぜひ皆様も参考にしてみてください。

「ちなみに」を教えてくれた営業が電話していた際の声のトーンは高く明るかったです。あまりに高くて陽気すぎると営業電話というのがバレバレでいやらしい感じになるのですが、この売れるトーンは練習が必要だと思いました。

フィールドセールスも同じなので、私は新しく中途で入社してくれたメンバーがデモのテストを実施する際に伝えるようにしていました。その人の人生さえも変える可能性を持った製品なのだから、その可能性を感じてもらえるようもっと明るい声で説明しないといけない。営業と話をしていてお客様が疲れるような人からは買いたいとは思ってもらえない。「ちなみに」を教えてくれた彼のように思いを持ち元気がある人は営業としても優秀でした。

05

SALES SKILLS

営業としてダサいことは?

ここで突然ですが質問をさせてください。

「営業としてダサいことってなんだと思いますか?」

少し考えてみてください。


皆様なりの答えもあると思いますが、私の答えは「活動量を落とすこと」です。これが2つ目のBack to Basicになります。

SS 活動量を上げる（Back to Basic②）

「売れているときこそ活動量、売れてないならもっと活動量を」という言葉を大事にしてきました。社長からは次のように毎週言われ、心に刻まれています。

「インサイドセールスは活動量をあげるために、朝9時になってからコールリストを用意するようでは負けている。そうではなく、朝9時からガンガン電話ができる準備を前日までにしておくことが大事である。さらに電話をしながらログをとれる技術を磨いていかないと活動量もあがっていかない」と。

またフィールドセールスに対して言っていたことは、「名刺の多さが単純に営業力の差につながる。1日1件のアポイントの差で年間営業日が200日なら200件の差になる。それが10年なら2000件の差になる。この差が営業として重要な一瞬で、人間の表情を読み取る力やその場にあわせた会話ができる力などに大きな差になって出てくる」という話でした。

私がインサイドセールスと2人で作戦会議をしていた際に、社長がいきなりミーティングルームに入ってきました。何か怒られるのかな？　と強張ったら「遠藤さん、今すごい

②Back to Basic

活動量を上げること

「売れているときこそ活動量、売れてないならもっと活動量」

「アメリカの同僚に勝っているか？」

売れてるよね？」「は、はい」「ならばもっともっと動きなさい」と一言言われてミーティングルームを出て行かれました。

当時はポカーンとしましたし、アドバイスとしては非論理的であるかもしれませんが、活動量を上げていくことで確実に見えてくる世界があったのも事実です。私も、一緒にやっているメンバーが販売するトランザクション数でアジア1位になって表彰されているときは「アジア1番で喜んでないか？　アメリカで最も売っている営業のトランザクション数は調べているか？　世界一を目指さないのか？」というアドバイスをして活動量を上げること、視点を上げるための期待値を伝えていました。

自分が担当営業からマネージャーになった際にはこの活動量をあげよう！　と叫び続けるのとあわせてゲーミフィケーションの要素も取り入れました。18日の午後1〜4時は電話大会を実施しよう。誰が一番アポを取れるかを勝負して、一位になった営業には豪華景品をプレゼントをするといった企画を実施しました。

そんなゲーミフィケーションの中で自分も一位になるべく楽しんで電話大会をやっていると、あるチームメンバーが超有名企業の社長アポが取れましたと、とんでもないことも起きたりもしました。いずれにしろ活動量をあげることの大切さをチームで学べる良い機会だったと思います。

2つ目のBack to Basicの「活動量を上げる」ですが、Land＆Expandのこの時期は本当にしんどい時期です。だからこそ、夕方になると誰かが叫んでくれるBack to Basicという言葉に救われ活動量だけは落とさず頑張ろう。もう1本だけ電話をしよう、もう1本だけメールをして今日は仕事を終えよう、みたいな気持ちになれたのだと思います。

第3章

顧客との打ち合わせ

01

SALES SKILLS

まずは情報収集

インサイドセールスがメールや電話で必死に取得してくれた貴重なアポイントに対して、フィールドセールスが訪問する際にまず思い出して欲しいこと。それは営業というのは何をする仕事か？　というあの質問です。

「希望をつくり出し、明るいイメージを体感させることが営業そのもの」という話を第2章でお話させてもらいました。

さあフィールドセールスの出番です。

リードに対して、インサイドセールスはコンバージョンの確率をなんとかあげられないか、としっかりとした準備をしてから電話やメールをします。フィールドセールスもまったく同じです。大事なのはしっかりとした前準備です。

まずやることは情報収集です。お客様のホームページや中期経営計画や決算書を見ます。

私は残念ながら決算発表の数字を見て、その会社の強みや弱みが読み取れるような会計や簿記の力をもっていないのですが、それでも会社として何に投資し注力をしているかというのは必ず見るようにしていました。

この事前準備が大切だと感じた失敗談もお話しさせて下さい。非常に力を入れていたあるエンタープライズ企業のＣｘＯのアポイントがありました。前の日が決算発表で、その方もビデオの中で重要戦略についてお話しされていたのですが、私はその内容を見ずに客先に向かってしまったのです。

打ち合わせではその会社が、あるスポンサーをやっていることを知らなかったという話題をあえて冒頭に出しました。もちろんその会社がスポンサーをやっていることは知っていたのです。ただ、それを初めて知ったように伝えたほうが喜んでもらえるという浅はかな打算がありました。

そのＣｘＯには会社として何に投資し、戦略にしようとしているかさえ把握していない営業とは話をしたくないと、勉強不足をその場で指摘されました。打ち合わせを進める中で昨日の決算で発表した内容とのずれも指摘されてしまい、散々なものになりました。毎回決算発表の情報を使って打ち合わせに入る必要はないですし、触れ方を間違うリスクもありますがとても身に染みた教訓となりました。
この苦い経験にもありますが、お客様の貴重な時間を頂く営業が事前準備して臨むのは最低限のマナーです。私は中期経営計画、インタビュー記事やLinkedIn、既にお会いしているお客様からヒアリングするなど、その後は情報収集を怠らないようにしてきました。

何を情報として探すか？　というと、その会社が目指すべき方向性やチャレンジ、そしてその世界を達成するために自分達の製品が貢献できる可能性がある、潜在的なニーズを探します。また、お客様になりうる部署はこれから訪問する部署だけなのか、他にも狙うべき部署や人がいるのであれば具体的な部署名や人の名前を事前に調べておきます。いざというときに、ＩＴの責任者を紹介してほしいという漠然な言い方しかできないと、紹介を受けられる可能性は低いです。「ＩＴの責任者である○○部長のご紹介をお願いしたい」と伝えることで確率があがります。その他に競合が既に導入されているか、パートナーが入っている領域はあるかも大事な情報です。少しでも自分たちの会社と、お会いする人とのきっかけを探し続けることが大切です。注意したいのはFacebookなどのＳＮＳはプライベートな情報なので、最初から活用することは仕事上では推奨しません。

SS 顧客向け資料作成

顧客向けの資料、共通資料のつくり方については別途機会をつくって詳細を記載したいと思っています。この事前準備という流れで絶対につくりたい1ページの資料作成をお伝えするものです。先ほど調べていた売り上げや中期経営計画やホームページ、CxOの発信などの情報から、間違っても良いのでお客様の課題とチャレンジ、それに対して貢献できる弊社からの提案という形でシンプルにまとめた1枚をつくることをお勧めします。

プレゼン資料として会社紹介、製品紹介、事例などが入った共通資料が作成できているとします。客先に行くときにつくる資料は、このお客様課題を想定した1枚と最後のお客様へのお願いの2枚です。慣れてきたら情報収集と資料作成にかかる時間も少なくなっていきますが、この2枚が資料として無いということは、頑張ってアポをとってくれたインサイドセールスに対する怠慢であると思います。営業マネージャーが事前にチェックする資料は究極で言えばこの2枚の資料だけです。

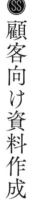

02

SALES SKILLS

打ち合わせ本番

商談の基本構造を頭に入れるために図でご説明します。オープニング（5分）、ヒアリング（5分～10分）、プレゼン／デモ／事例（15分～25分）、クロージング（5分～10分）。

この基本構造の中でもっとも意識すべきポイントは、必ず打ち合わせの1／3はお客様の話を聞く余白として残すことです。1時間の打ち合わせなら20分ですし、30分の打ち合わせなら10分です。

会議が早く終わることはなんの問題もありませんが、打ち合わせ時間を過ぎてしまうのは営業として恥ずべきことです。当たり前ですが、お客様は次の打ち合わせに影響が出ることを嫌がります。ＣｘＯぐらいの役職レベルとの打ち合わせの場合は、本当に分刻みで動いている方しかいません。秘書（Executive Assistance）の方々は役員の一日スケジュ

商談の基本構造を頭に入れる

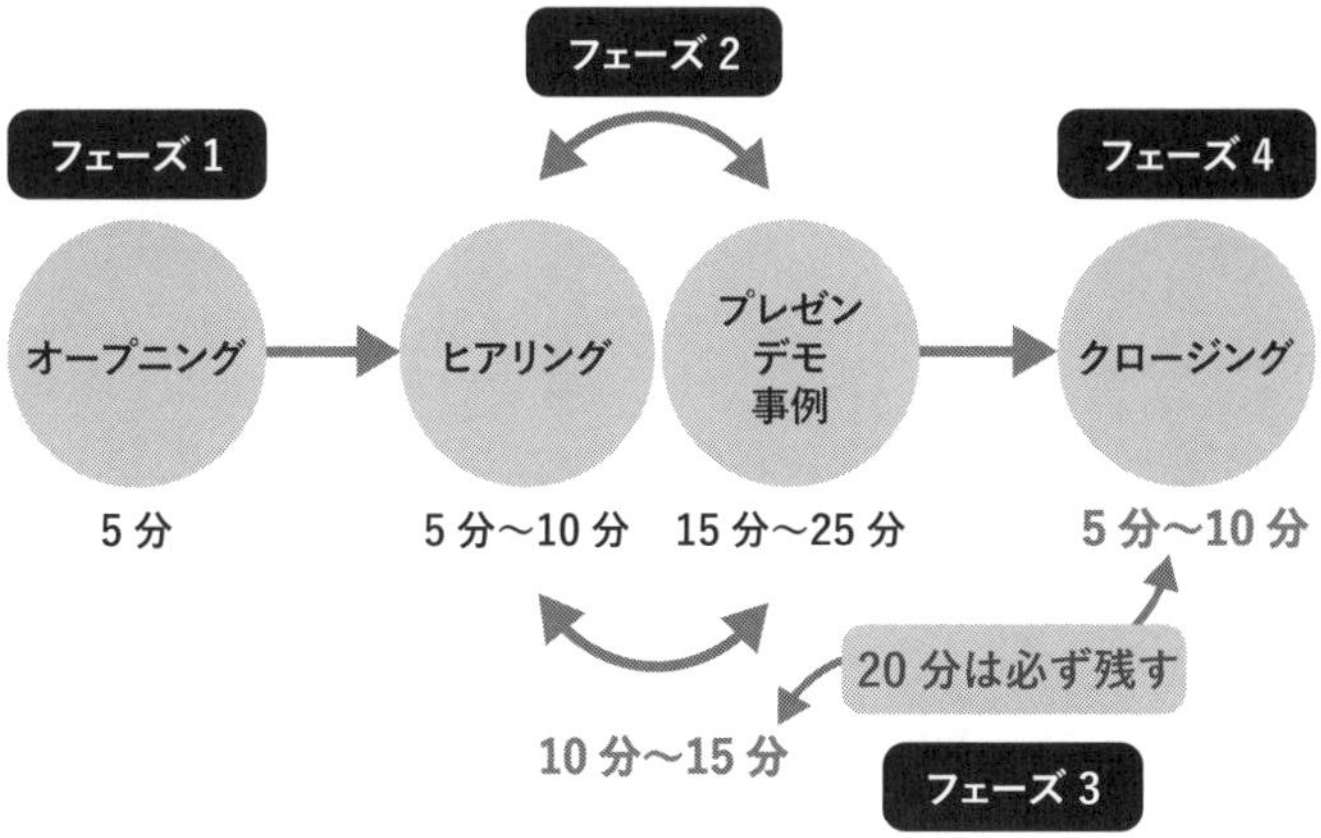

ールをきっちり動かすために社内外の多くの調整を繰り返しています。万が一後続の打ち合わせに遅れるようなことがあっては二度とその営業からのアポイントをとってくれません。

私はできる限り自分で秘書の方とは連絡をとってきましたが、打ち合わせ後に秘書の方へ送るフォローアップメールの中でも遅れずに次の打ち合わせに行かれました、タクシーにスムーズに乗ってもらう事ができましたなどお伝えすることにしています。現場まで来られない秘書の方にとっては、このフォローアップメールで状況を共有することが営業と秘書の方との間の信頼度を圧倒的にあげてくれます。

昔はよく秘書の方にチョコレートを持って行ったなどの武勇伝を聞くことありましたが、私の感覚ではこういった打ち合わせの状況をお知らせする気遣いをするほうが、秘書の方との間に信頼を得られていたという認識です。

話が少しずれましたが、それでは打ち合わせの基本構造に合わせて話を進めていきましょう。

SS オープニングはラポール形成

フェーズ1 オープニング

打ち合わせに臨むにあたって、どんな打ち合わせでも会議室に入る前に100%以上の期待をしましょう。今日は期待できると思った打ち合わせが駄目だったことも、駄目だと思って入った打ち合わせが良かった経験もあると思います。私たちは神様ではないので、今から始まる打ち合わせが良いか悪いかはこの段階ではわかりません。リード対応でも話をした、いつも元気に活動し続けるマインドをメンテナンスし続けることと同じです。会議室に入る前のこの一瞬の儀式で目に力が入ります。

人の印象は最初の数分で決まると言われています。だからこそ、礼儀に反するような服装や遅刻をしないなどの営業としての基本は必ず守りましょう。私は仕事でもプライベートでももっとも焦るのが遅刻です。相手の貴重な時間を奪う行為でもありますし、打ち合わせの最初に謝るところからはじまるので、人間関係を構築する上でも弱い立場から始まることが嫌でした。それでも私が客先に着くのは早くて10分前ぐらいです。もっと早く着くほうが安心だとは思うのですが、あまり現地で待ちすぎるのも時間の無駄というのと、逆に緊張し始めるという理由がありました。

ラポールという言葉をご存じでしょうか？　私は新人研修で知った言葉ですが「橋をかける」という意味のフランス語です。普段の会話でもそうだと思いますが、いきなり本題に入るのではなく相手との関係性を先につくることを大事にします。

当時は、勉強のためと称して同期みんなでゴルフ練習場に行って、誰かがゴルフボールを打つたびに「社長ナイスショット。次のホールだったらフェアウェイのど真ん中〜！」とか叫ぶ練習をしたものです。

妙にこのラポールという言葉は、その後20年以上経っても大切に自分の中で残っています。お客様との関係を構築する際も事前の準備が大切です。その場の思いつきで何かを伝えられるような天才以外は次のようなトピックを事前に考えておいたほうが良いと思います。

①顧客の会社情報トピック（新しい取り組み、ＣｘＯの発信）
②オフィスの内観、外観トピック（褒める場所を探す）
③自社の鉄板トピック（オフィス／場所）
④経済トピック（日経の記事）
⑤プライベートでの鉄板トピック（趣味／出身地）

私が使っていた〝③の自社の鉄板トピック〟で言うと、タブローに最後にいたとき、オフィスがあったのは銀座シックスというできたばかりの商業施設でした。言い過ぎかもしれませんが、当時は銀座の新しいトレンドの中心のような場所でした。銀座シックスにオフィスがある話題性で驚かれ、その最先端のビルにオフィスを構えていることでタブローが企業として成長していると思ってもらえる効果があったのですが、自慢で終わるのは良くありません。
「そうなんですよ、オフィスとしては良いのですが、絶対奥さんを連れてきちゃいけない場所なんですよ。行きたいと言われるたびにオフィスは危険だと話をしてます」みたいな感じで橋を渡していました。

最初に記載した通り、ラポールを通して人間関係をつくることが大事ですが、お客様と仲良くなることが目的だと思っている方がいたら、それは間違いです。そんな5分で仲良くなるなんてありえません。営業として大事なのは、相手のキャラクターをつかむことです。あまり話をしてくれない、乗ってくれない方もいます。そういった方に無駄口をきいていると大事な話にいく前に見切られてしまうかもしれません。逆に良くお話してを頂ける方は製品も大事にされるが、どういった営業をしてくれるのかという人間性も大事にしているかもしれないと思って臨むことが大事です。

SS ヒアリング（正しい心をもって本題に入る）

フェーズ2 ヒアリング

お客様とのラポール後に今日の打ち合わせの議題について、事前に準備していた内容を元に確認します。インサイドセールスが確認してくれた営業に聞きたいことでも良いですし、資料の中に1ページ入れて想定してきた顧客課題のさわりをぶつけることも可能です。

この時点では営業としてまだ信頼を得ていないので、多くを聞き出すことはできません。聞き出そうとすると、逆にお客様の気持ちは離れていく可能性もあります。事前に想定した課題や潜在ニーズに探りを入れる中で、「こいつよくわかっているな」と思わせてから本題のプレゼンに入ることで、その後に多くのヒアリングが出来ます。私にかかってきたインサイドセールスの電話と同じで、事前にしっかり準備してきたことがお客様にも伝わり、この後のプレゼンを真剣に聞いてもらう姿勢を作ってもらうことにもつながります。

ラポール、ヒアリングの中で得られた情報をもとに、この後のプレゼンでフォーカスするポイントは変えていきましょう。

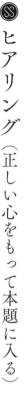

03

SALES SKILLS

ストーリーで語るプレゼン

フェーズ2 プレゼン

打ち合わせの中でもプレゼンは重要なパートとなりますが、ここで使うデモや事例の内容は第2章で詳細をお伝えさせていただきました。試行錯誤しながら、会社として準備してきた心を動かすデモや事例をぶつけ、お客様に明るい未来を体感してもらいます。声のトーンは少しあげ、熱量も入れるので少し早口になっても大丈夫です。

ただ一点忘れてはいけないのは20分を残すことです。そのために事前に準備していたデモのすべてを終わらせる必要もありません。途中でお客様が質問し始めてくれたのであれば、本当に重要で伝えなければいけないポイント以外は、お客様のポイントにフォーカスして良いです。

SS 共感力（Back to Basic③）

ここでBack to Basicの３つ目をお伝えしたいと思います。それは「共感力」です。お客様から受け取る力と言ってもいいかもしれません。

最初の会社では数ケ月の新人研修を終えて現場に配属されました。配属されてすぐの頃は上司や先輩方々に同行して客先訪問をしていました。とある先輩との最初の訪問時、電車の中で非常に重要なことを言われました。

「遠藤、営業として大事なことは何だと思う？」

ここで「明るい未来を体感させること」というのを思い出してくれた方もいると思いますが、その先輩が私に教えてくれたのが「共感力」でした。「営業は説明が上手いほうが良いと思っているかもしれないが、それ以上にお客様がいま何を考えているのかを想像できることのほうが何倍も大事だよ」と教えてくれました。

私が、この共感力を活用していた例をお伝えします。

共感力（Back to Basic③）

お客様から受け取る力

1. お客様の体の動きや目線などを注視する
2. 話している内容が整理されて伝わっているか
3. 相手の言ってほしいことを言うゲーム

プレゼンやデモを途中で止める、質問することも必要

Ｓｕｎ時代にはエンジニアがお客様にデモを実施することが多かったです。デモの実施中に、私自身は説明を受けているお客様の体の動きや目線を見続けていました。「暇そうにしていないかな？　説明がわかりづらいところはないかな」と気にしながら見守っています。明らかに顔が曇ったように見えた際には私がエンジニアに質問をはさみます。

「すいません……、社内からの質問で恐縮なのですが、その機能はオプションを購入しないと使えない機能でしょうか？」

「すいません……、馬鹿な質問かも

しれませんがその製品を活用するために事前に自社でサーバーを用意しておく必要がありますでしょうか？」

もちろん、自分も社員なので答えは知っています。お客様は後で聞こうとメモでも取っておいてくれれば嬉しいですが、説明がわかりづらいという観点で製品の良さを理解することを諦めてしまうケースもあるのです。そんなときに私が馬鹿になったふりをして代わりに質問をします。そうするとお客様の視線がデモに戻ってくるのを何度も経験しています。

直接言われたことはないのですが、間違いなく「そうそう、そのポイント聞きたかったんだよ、よくわかってるね」という視線を感じたことはあります。営業の役割はお客様に対して説明されている内容が、整理されて伝わっているのか配慮すること。営業は相手が言ってほしいことを言い当てるゲームとまで今は思っています。

こういった共感力がお客様からの信頼につながっていきます。

ストーリーで語るプレゼンに話を戻すと、徹底的に鍛えられたデモやお客様の状況にあった事例で体感してもらいます。機能説明をした瞬間にお客様は眠くなることを思い出し

ストーリー・テリング（Back to Basic④）

感動で人を動かすための魔法

1. ゴールデン・サークルで語れているか？
2. 自分の鉄板のストーリーはつくれているか？

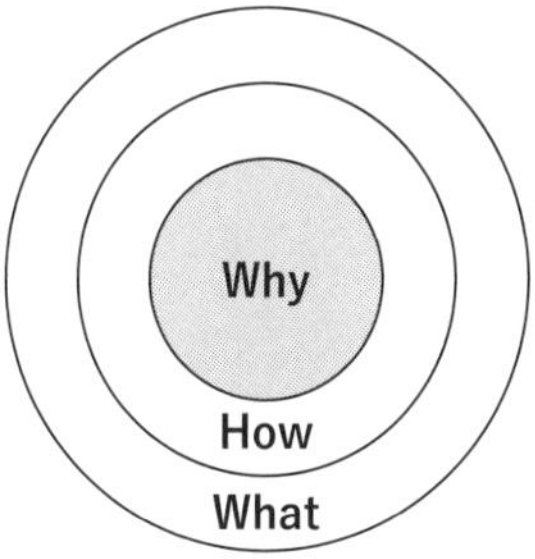

Why - 信じるところ
What is your couse? What do you believe?

How - どのように
Specific actions taken to realise your Why.

What - 事実
What do you do? The result of why. proof.

てください。どんなに素晴らしい製品でもです。デファクトになっていない製品のプレゼンを、最後まで興味や集中力をもって聞いてもらえると思っていたら、そんな甘い世界はありません。

SS ストーリー・テリング（Back to Basic④）

そこで使うのがストーリー・テリング（Story Telling）です。

よくある話ですが、昨日の夕飯は忘れていても、子供の頃に読んだシンデレラは今でもそのストーリーを覚えています。シンデレラが継母にいじめられ、そこに魔法使いが現れ、かぼちゃの馬車に乗って舞踏会に行き、最後はガラスの靴を履いて王子様と幸せになる、です。

プレゼンの中身をこのくらいの概要レベルでも次の日にお客様に覚えていてもらうには、どうすれば良いでしょうか？　もっと言えば、聞いたプレゼン内容を社内の他のチャンピオン探しをしてもらう際に、効果的に話をしてもらうにはどうすれば良いでしょうか？

その答えがストーリー・テリングです。シングルマザーの話やAudiの話はそこにストーリーがあったので覚えやすかったと思います。この本は何の本なのかを紹介いただく際にも、こういったことが学べる営業スキルの本だよ、と具体的な紹介エピソードとしてこの2つのストーリーを使ってもらえるかもしれません。

第2章の繰り返しとなりますが、お客様のPain（痛み）と製品のバリューを喜怒哀楽のストーリーに乗せて伝えられる形になっていますか？

このストーリーの主人公はお客様になっていますか？

泣き笑いのストーリーまでなくても良いですが、主人公のお客様には紙芝居のような流れで体感させてあげたいものです。

ちょっとやってみよう

言葉で体感してもらう努力

1 ドラマを相手に体感してもらう練習（3分）

2 相手の立場に合わせて伝え方を変える（共有3分）

SS ちょっとやってみよう！

「言葉でお客様に体感してもらう」というのは私のワークショップ内の課題として練習してもらっています。2人1組になってもらい、ドラマや漫画、なんでも良いのですがパートナーにそのあらすじを3分ほどで伝える練習です。

私が昔から実践しているのは大河ドラマを見て、その内容を奥さんに面白いと思ってもらえるように伝える練習です。やってもらうとわかりますが、興味ない人に最後まで聞いてもらう、笑ってもらう、泣いても

デモや事例大会の勧め（スキルの民主化）

真剣にそして楽しんで競走してみよう
（ゲーミフィケーションの要素は人を成長させる）

らうためにどういった流れに凝縮して伝えるか。とにかくやってみると難しいです。お客様に体感してもらうために地道な練習をぜひ皆様もトライしてみてください。

言葉で体感させる練習として個人で「ちょっとやってみよう！」でしたが、会社の取り組みとして絶対おすすめな方法があります。それは、みんなで競い合うデモ大会（もしくは事例大会）です。

これはマネージャーの方々も一緒に参加して一人のプレイヤーとしてみんなで楽しむと盛り上がります。マネージャーが負けたって勿論良いのです。いやむしろ負けたほうが盛り上がります。

この取り組みの狙いは、スキルの民主化です。他のメンバーのデモや事例を聞き、どういったデモでアハモーメントを引き出しているのか、どういったストーリーを自分の事例としてつくっているのか。その発表資料を共有することで会社としての武器も増えます。

賞品が出る位置づけの大会にしてあるので、このゲーミフィケーションの要素は人間本来の競争心をあおり事前の準備も引き出しますし、賞品を出すことで士気もあがります。

まさに、一石二鳥の取り組みです。騙されたと思って実行に移してみてください。

04

SALES SKILLS

打ち合わせを好転させるスキル

フェーズ３　余白の時間

デモ／事例のプレゼンを終えて、残した20分間でお客様にヒアリングします。この時間の使い方が営業として最も大事なスキルです。

私は「打ち合わせを好転させていく」ためにはどうすれば良いか、よくチームメンバーと話をしていました。好転させるには、顧客に発言してもらって自らで気づいてもらい、アクションに移してもらう事が重要になります。エンタープライズ企業はStatus Quo（現状維持）に対する挑戦が予想以上に大きいので、製品の説明だけで終わってしまうと次のステップに確実に進めません。

ヒアリングの中で聞き出したい項目は、例えば次の４つになります。

①現状の確認

②あるべき姿は何？
③その際の障害は何？
④製品購入に向けた最大購買動機

打ち合わせを好転させるスキルとして営業は４つの方法で好転させます。

①王道のＳＰＩＮで前に進める
②聞くことで前に進める
③ホワイトボーディングで前に進める
④Objection Handlingで前に進める

SS ＳＰＩＮ

まずは王道のＳＰＩＮです。

質問スキルとしてＳＰＩＮは有名で、このＳＰＩＮを学ぶワークショップは世の中に多くあります。若い頃に私も受講させて頂きました。色々な経歴をもって入社してきた社員に聞いても、ＳＰＩＮ研修を受けたメンバーは多かったので、もはや当たり前の基礎スキルになっているかもしれません。

ＳＰＩＮはそれぞれの質問の頭文字からできています。ＳＰＩＮの意味とその例になる質問も記載します。

Situation（状況質問）「〇〇についての対策はすでにできていますか？」

Problem（問題質問）「既存サービスで法改正に対応できますか？」

Implication（示唆質問）「非正規社員への対応もしないとどんなことが起きますか？」

（潜在ニーズ）

Need-payoff（解決質問）「ＳａａＳサービスなので自動でバージョンアップし、法改正にも順次対応していくことは安心につながりますか？」

よく言われることですが、最初の状況質問はしすぎると警察の尋問のようになります。基本YES or NOの回答を引き出す質問です。

「予算はありますか？」

「あなたが決裁者ですか？」

ここまでダイレクトに聞くことはないにしろ状況質問は何個もすると機嫌を損なう可能性があります。もし状況質問を多投するなら、前につける言葉は「ちなみに〜」です。

案件を大きくする、お客様の中で気づいていない解決すべき課題（潜在ニーズ）を認識させるための質問が示唆質問です。示唆質問が上手な営業は案件を大きく出来る営業です。示唆質問は「問題は今認識している範囲だけで十分ですか？＝正社員のことを想定して検討して頂いているが、非正規社員も対応しないと結果としては会社に大きな損害を与えるので今やらないといけないのでは？」につなげてお客様に自ら気づいてもらって発言してもらうのが最高だとされています。

お客様に示唆質問をして語ってもらうことが逆にいやらしくなる場合は、営業自ら「お客様も気づかれているとは思いますが、非正規社員もカバーしておかないと会社に与える損害が大きくなるケースもあるかもしれません」と、お客様のプライドも傷つけず、潜在ニーズに真剣に取り組まないといけないと思ってもらうようにもっていきましょう。

示唆質問が案件を大きくしますが、お客様とのやり取りの中でいきなり示唆質問にたどりつくのは難しいです。なので、事前に自社の製品とお客様の潜在ニーズをあぶりだすための示唆質問を考えて、ストックしておくのが良いと思います。

SS 聞くことで前に進める

先ほどのＳＰＩＮですが、私は非常に得意な営業だったと自負しています。ただ、概念は理解できても、これはある程度時間をかけて磨きをかけていくスキルでもあります。

20代の頃はＳＰＩＮを上手に使えなかったので、「聞いてしまう」ことをしていました。最初の上司が「お前はＩＴも素人で会社にも入ったばかり。今だからできる必殺技はお客様にまっすぐ聞いてしまうこと」と教えてくれたからです。若い世代が使える最強の一言は、ずばり「すいません、教えてください」です。

心理学の本に「真剣に話を聞いてくれる人を人は信頼する」とありました。心からの興味を持ち、相槌を打ちつつ聞き出していくのです。スキルがあがってきたら聞いている内容について、さらに深掘りしながら聞くActive Listeningにまでいけると素晴らしいです。

ただ、聞きっぱなしだと打ち合わせを進められないので、この手法を使うときに大事なのは最後にお客様が言ってくれた内容をまとめ直すことです。このまとめ直しをすることで両者で整理が出来ます。

「なるほど、○○さんが言ってくれた事象の積み重ねが実は会社を疲弊させる原因なんですね。そうすると、デモでは紹介できませんでしたが、この機能を活用することでリスクと人的労力を下げられるかもしれません」

そのまとめ直しで自社の製品の価値に結びつけていくことが嫌らしくなくできるようになると良いです。

SS ホワイトボーディングで前に進める

3つ目は少し高度な手法になりますが、威力は抜群です。それはホワイトボーディングという手法です。ホワイトボードに絵と文字を書きながらお客様の現状を書き出し、ヒアリングしながら一緒に進みたい未来と今後のアクションを整理していくというものです。

この手法はお客様の状況を聞きながらその場で書き出しているように見せていますが、

実は導く方向を入念に事前練習しておきます。ブートキャンプの2週間の中で書き出す文字や絵を暗記し、ロールプレイをしながら実際にホワイトボードに書き出していく練習を繰り返しました。その結果、実践でも同じように絵と文字が書けるようになるのです。

お客様の現状ヒアリングからなりたい未来とそこにたどり着くための課題を人、システム、時間の観点から聞き出していました。この3つの観点に関してもなりたい未来へのステップを一緒に考え、その世界を実現できる進め方を書き出していきます。そのステップで成功した事例を紹介し、最後にアクションを決めるという流れです。

ホワイトボーディングは最初から最後までのすべてを書き出す必要はないというのがポイントです。すべてではなくても、3つの中の一部だけでもお客さまにヒアリングしながらホワイトボードに書き出していく体験がパワフルで人の心を動かします。

SS Objection Handlingで前に進める

最後は反対意見に対応する中で打ち合わせを前に進める手法です。まずまったく興味がない場合は反対意見さえ出ません。それが出た際には多少なりとも興味がある証拠です。

質問してもらったことにより、興味がなかった人を一気に引き込めるケースもあります。そのため、できる営業はあえて質問させる隙間をつくるのもうまいです。お客様は説得されるのが嫌な生き物です。お客様はいじわるな質問をしているようで、実は説得され納得していくレールに乗っかっていることがあるのです。

質問が出そうなポイントをあえて説明せず、納得感をもたせるために質問をしてもらうという高等スキルのような書き方をしました。しかし、よく出る質問はＦＡＱとして会社で用意しておき、社員全員が回答に納得感をもたせられるよう準備しておきましょう。

参考：値引きについて（ＦＡＱ）

効果の実績から投資対効果を示す（製品導入の効果で数時間かかっていたものが数分に短縮出来た場合に時間削減を人件費で試算しライセンスの費用を正当化する）。

- カスタマー・サクセス、コミュニティなど無償で提供できるサービスの紹介
- 標準価格の売り上げを前提に年間４回のアップデートをコミットしている
- 競合に比べて開発費用にかけている高いＲ＆Ｄ比率をアピール

・全社導入など包括契約時には値引き提案が可能なことを伝え、初期での値引きは回避

反論と併せて考えたいのが、お客様から強い要求を頂いたときです。強い要求に対しては即時のリアクションはせずに一旦落ち着きましょう。そして必ず背景を聞いて真意を探ります。特別ルールを適用するにしても、社内で承認するための理由が必要です。

悪い例「3ケ月プランが欲しい」↑「年間プランしかありません」
良い例「3ケ月プランが欲しい」↑「何故ですか？ 背景を聞かせてください」
「年度末に合わせた日数にしたい」↑「では、1年3ケ月でご提案させてください」

最後にすべての反論や強い要求に応える必要があるかですが、弱みを認めることも大事な反論だと思います。ただ、要望されたリクエストが本当に必要なのかという追及はしましょう。既存製品や現状維持の固定観念からくるもので、やりたい本質から考えると諦めてもらっても良いポイントだった、というのはよくある話です。また、クラウド製品はセキュリティ上使えないというノックアウト事項は諦めて次の案件に向かいましょう。

05

SALES SKILLS

ソリューションセリング

私がワークショップを実施する中でよく相談を受ける悩みがあります。営業がお客様に製品を説明することはできるし、明らかに課題がわかっているお客様には製品の良さを届けることはできる。しかし、まだお客様も何が課題かもわかっていない売り込みや、自分たちの製品をお客様の課題にあわせて説明することができないというものです。

そういった課題に対してソリューションセリングが大事であるという説明をしています。つまり、自社の製品を単に説明して売り込む営業ではなく、顧客の課題解決を最大の目的とし、その解決策として自社の製品を売ることです。「ドリルを売るのではなく穴を売れ」といった言葉が昔からあるように、顧客のやりたいことの理解が大事だということになります。

私自身もこのソリューションセリングという言葉は20代から知っていたのですが、できるようになったのはずっと後だと思います。というのも、このソリューションセリングという名前に惑わされて実際にこれを実施することと、何を具体的にすべきかがつながっていなかったからです。

会議を前に進めるということで4つの手法をご説明しましたが、これらの手法は最終的にはこのソリューションセリングにつながっていくものです。私たちはお客様の課題を聞き出し、どういった方向にお客様を導くのが良いか、その場で0から生み出すことができる天才ではありません。事前の準備があってはじめてソリューションセリングができるのです。

4つの手法の中ではホワイトボーディングがまさに直結します。お客様が抱えている共通の課題を事前に頭に入れておき、どういったアプローチで解決していくかについても事前に知った上で、お客様と一緒に聞き出していきながら製品の良さを伝えるのです。

SPINもお客様がこういった課題が裏に隠れていることを事前に知って準備しているからこそ、示唆質問を使ってお客様の中で膨らますことができますし、2つ目の聞いてしまうも同じです。こういった課題があるのではないかと事前に知っているからこそ、質問が出来るのです。そして、最後のObjection Handlingも同じです。導くべき先が分かっているからこそ、お客様が求めるリクエスト（課題）に全て対応するのではなく本質からずれているなら説得もできるわけです。

この4つの手法がソリューションセリングで具体的にやることだとわかっていれば、高尚なものとして構えることも、そんなに難しいことでもなくなり、営業が製品説明だけで帰ってくることもないわけです。最後に残した1／3の時間がまさにソリューションセリングを推進する時間になります。ソリューションセリングを難しいものとしないために必要なのは、お客様の課題を聞いてこようとマネージャーが指示し、営業に意識させることでは足りません。会社の取り組みとしてお客様が抱える課題を事前に学び、それを解決に導くアプローチも事前に学んでおくことです。

その準備ができて初めて、自信をもって製品の良さと課題をフィットさせることもマネージャーが顧客の課題を聞いてきたかとチームメンバーに聞くこともできるのです。

06

SALES SKILLS

クロージング

フェーズ4 クロージング

ここまで話を進めてきましたが、この章の最後に営業の役割をもう一度思い出してみましょう。それは「希望をつくり出し明るいイメージをつくり出す」でした。ここまでの「オープニング」、「ヒアリング」、「プレゼン（デモ／事例）」、「打ち合わせを前に進める」の流れの中で明るい未来をお客様にイメージさせることに成功していますでしょうか？　これができて初めて最後のパートに進めます。

大型商談のクロージングについて詳しくは第6章で記載しますが、打ち合わせの最後に実施するのは次に何を一緒にやるかを決めることです。何をやるかは何でも良いわけではなく、皆様の会社の勝ち筋の戦略にあわせます。

最後のステップ：次に何をセットするか
①具体的に何をやるか？（製品トライアルを実施する）
②誰とそれをやるのか？（実施する人選を決める）
③いつまでにやってどう判断する？（1ケ月後に部長を交えた報告会を実施する）

顧客をワクワクさせ最後のステップにたどり着くための会社の取り組みとして、スキルの民主化が必要です。

SS チームの力に変える（Back to Basic⑤）

この章の締めくくりに5つ目のBack to Basicである「チームの力に変える」について記載したいと思います。現場で行われている試行錯誤から新しい成功や失敗が多く出てきます。その共有こそがチームを助けるのです。

共有するためには、経験したことを言語化し体系化する必要があります。説明できることとは再現できることにつながり、教えてあげることでお互いがお互いを助けるチーム文化

チームの力に変える（Back to Basic⑤）

Top Giver

新しい成功／失敗からチームを助ける

1. 経験したことを言語化して体系化して学ぶ

↓

2. 説明できることは再現できる

↓

3. 人に教えてあげるチーム文化の醸成

の醸成につながっていきます。

スキルの民主化のアクティビティ例

①優秀な営業マンのプレゼン／デモの録画

②会社共通資料の作成（製品紹介、デモ事例）

③デモ／事例大会の実施（競い合いながら向上）

第4章

営業の戦略的アプローチ

01

SALES SKILLS

爆発につなげるアプローチとは

第2章でLand & Expandについて説明しました。すべての始まりであるゴールデンサークルからの心を動かすデモ、事例、トライアル、そして最後にお話ししたのがチャンピオンの存在でした。営業とはチャンピオンを探す旅であるともお話ししました。

第3章、第4章では、人生を変える営業スキルについて。リード獲得、メールや電話でのリードフォローからはじまり、打ち合わせの事前準備を入念にします。デモや事例のプレゼン実施後に、残した時間で打ち合わせを前に進めます。この一連の過程で明るい未来を体感させることができれば、次のアクションを決めるところまでたどり着きました。

それでは、戦略的アプローチの後半戦に入っていきます。このアプローチは会社の売り上げや成長率を飛躍させ、まったく違う世界に連れていってくれます。

早速アプローチの解説に入っていきたいところですが、ここで絶対に会社として立ち止まって考えるべきことについてお話しさせてください。それは、自分たちの会社の位置づけであり、世の中への見せ方です。

機能紹介が始まった瞬間にお客様は眠くなり、そしてWhyを感じさせない会社は他の競合と変わらない会社と見なされて値引き競争に巻き込まれます。世にいうレッド・オーシャンに引きずり込まれ、血みどろになりながら利益を削っていく世界です。営業アプローチとともに「自分たちの位置づけ」を戦略的に考えます。

SS ユニークなポジショニングを考える

W・チャン・キムとレネ・モボルニュが提案したのがブルー・オーシャン戦略です。ご存じのように、従来存在しなかった新しい市場を生み出すことで、新領域を見出し事業展開していく戦略です。新市場を創造することで、他社と競合することなく事業を展開することが可能になります。しかし、我々が時代転換を起こすほどの製品を一から全て開発できるという夢を見てはいけません。夢を見ずとも自分たちをユニークな立ち位置にポジ

ブルー・オーシャン戦略
自分達の領域を見つける

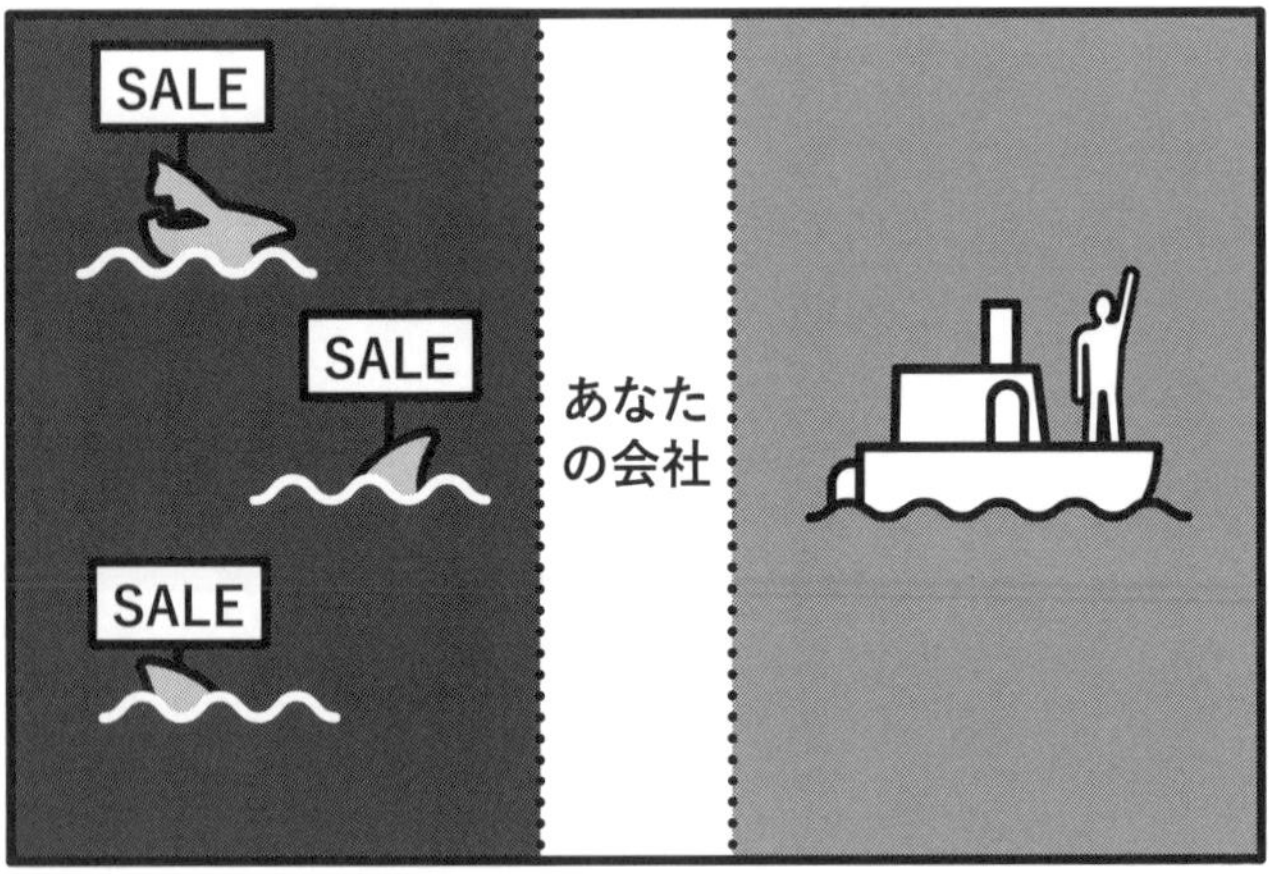

ショニングすることはできます。

タブローはＢＩ製品を販売していますが、ＢＩは実は歴史が長く、数十年前からＢＩを専業にした会社がありました。あえてそのような昔からあるＢＩを「エンタープライズＢＩ」と位置づけ古いカテゴリーとして追いやり、自分達は「セルフＢＩ」という同じＢＩの中でもターゲットにしているカテゴリーをわけました。

エンタープライズＢＩのターゲットはData Scientist（データサイエンティスト）や数字を扱うファイナンス部門など、セルフＢＩはデータを持っている人をターゲットにし、誰でもデータを自分で分析ができることを前面に押し出しました。ガートナー社がこれからデータを分析するのはData Scientist（データサイエンティスト）だけでなく、Citizen Scientist（市民分析者）であるという言葉を使って世の中に発表したところにも乗っかれました。

BI製品として実施できる機能はエンタープライズBIもセルフBIももしかしたら大差ないかもしれません。しかし、明確にセルフBIという新しいカテゴリーでユニークなポジションを生み出すことで、自分たちをブルー・オーシャンに連れて行ったのです。

おそらく皆様の製品も必ず競合がいるはずです。もっと言えばその市場を寡占しているデファクト製品があるでしょう。弱い立場の皆様がそのまま市場に殴り込んだら、レッド・オーシャンに引きずり込まれて値引きの嵐です。そうではなく、自分たちをユニークにしうるポジショニングを考えるのです。

SS バリュープロポジション

このユニークなポジションを世間一般的にはバリュープロポジションと呼びます。ワークショップの中で会社の強みを聞く場面がありますが、現場の方に聞くと意外と答えが出てこなかったり、強みとは言えないもの、競合会社と同じような回答をされる方もいます。当たり前すぎて、あまり考えたことがなかったのかもしれません。しかし、必ずその会社固有の強みがあるはずです。無いなら残る道は値引きしかないわけですから。

私が現在ワークショップで実施しているバリュープロポジションのつくり方は、次の手順で考えてもらっています。

バリュープロポジションのつくり方
①お客様の求めている価値
②自社が提供つくる価値
③競合他社が提供できる価値
④①〜③の3つの点が重なるところから強みを絞り込む

このつくり方は一般的に言われているところでもありますが、もう一つ会社のポジショニングをユニークに出来るポイントとして4つ目の視点をお願いしています。それは「開発者の視点」です。

何を：バリュープロポジション

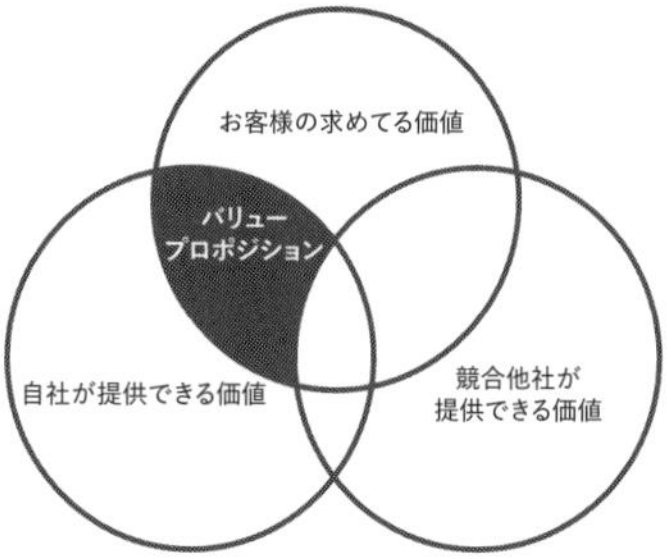

顧客に伝える強いメッセージは何？

1. お客様の求めてる価値
2. 自社が提供できる価値
3. 競合他社が提供できる価値（それでも自社が勝てる）
4. 開発者の視点

タブロー社では創業メンバー3人のうちの1人がパット・ハンラハンというスタンフォード大学の教授です。もう1人が青い目のカリスマCEOのクリスチャンでスタンフォード大学の学生でした。3人目のクリス・ストルテもスタンフォード大学出身で、パット・ハンラハンの生徒でした。スタンフォード大学の教授であるパットは、かつてスティーブ・ジョブズがアップルを追い出されてつくった会社である、ピクサーの初期メンバーの1人でもありました。仲間と一緒にレンダーマンというレンダリングの技術を開発します。映画を見た方は共感頂けると思いますが、このレンダリング技術で生み出されたモンスターズ・インクやトイ・ストーリーは、子供だけでなく大人でも笑いや素晴らしい感動を味わうことができます。人を感動させる画像技術をビジネスの世界に持ち込んでつくられた会社がタブローです。

他のＢＩとは違い脳が反応するように計算された時間でグラフを可視化したり、その色合いも色覚障がいの方に配慮した色になっていたりと様々な研究成果に基づいた設計がされています。単純に可視化できれば良いという他のダッシュボードとは違い、タブローでつくり出されたダッシュボードが人間の心まで刺さり行動変容につながっていくのは、こういった技術に支えられているからです。このような開発者の視点が会社をユニークにするポジショニングをつくり、ブルー・オーシャンの海を創ります。

このバリュープロポジションは現場のメンバーや、それこそ開発メンバーも参加してワークショップ形式で実施して自分達の強みを再確認し、社員全員が腹落ちしてお客様に伝えられるようになじませていきましょう。

02

SALES SKILLS

Discover & Descend

後半戦のアプローチの呼び方としてLand & Expandのような一般的にも通じる素敵なフレーズがあれば良いのですが、それを表す言葉が自分ではつくり出せませんでした。なので、私が所属していた会社の社内用語ですが「Discover & Descend」(ディスカバー・ディセンド)というフレーズを使わせてください。

Discoverは探す、Descendは降りてくるという意味です。エンタープライズ企業がターゲットだと1つの部門だけでなく、いくつかの部門にLandを繰り返す中で、どこが一気に広がる可能性があるかを探し続けるわけです。「ここだ！」と思う場所があれば一気に上から降りていき、全社活用に広げるアプローチです。よくある言葉でいうとトップダウンに近いと思うのですが、このDiscover（探索）というLandしたところから、全社活用に広がる糸口を探し続けるというニュアンスが絶妙だと思い、この言葉をあえて使わせてもらいました。

イチゴの法則

前置きが長くて恐縮なのですが、このフェーズの重要性を考える上で知っておいたほうが良い法則なのでご紹介させてください。イチゴの法則というのはご存じでしょうか？

正確に書くと１：５の法則であり果物のイチゴは関係ないのですが、これは初期のお客様の獲得と、すでにいるお客様を広げるのではどちらが大変か？　というものです。

答えは、初期のお客様の獲得です。リソースは5倍かかると言われています。そもそもリードを獲得するためにかけるマーケティング費用であったり、インサイドセールスが頑張ってアポを取るリソースだったりと初期は様々な投資が必要です。逆の見方をすれば一度ライセンスを購入してくれたお客様をフォローするほうが5倍楽だともいえるわけです。

Discover & Descendは既にLandしたお客様のフォローになるわけですから、理論上も効果が高いアプローチだという事です。新規のお客様が増えないと心配し続けている会社があれば、このイチゴの法則を思い出してください。今いるお客様にフォーカスするほうが効率的ですし、全社活用まで広がれば売り上げも飛躍的に伸ばせます。

Discover & Descendのフェーズも様々な試行錯誤を繰り返してきましたが、今回も再現性が高い3つにアプローチを絞ってお話をしたいと思います。

03

SALES SKILLS

会社活用に進む方法論

１つ目は「全社活用に進む方法論とその徹底」です。このアプローチを各営業が実装できた頃から会社の売り上げはまったく違う世界になりました。今までは各部署のデータ活用の専任メンバー数名がエクセルの代わりにライセンスを導入していたところから、会社全体で使う規模にもっていけたのです。

全社活用に進む方法論というのは、お客様が試行錯誤の末に全社活用にもっていったベストプラクティスの集大成だと思ってください。Landして数ライセンスしか入っていなかったお客様が、どうやって全社活用までもっていったのかを教えてくれる社内展開事例の完成版です。この全社活用への道筋をいくつかの重要な軸に分け、ステップバイステップの具体的な施策によって、お客様からすると今このフェーズにいるが施策として何が足りていないのか、次に何を実行すれば良いのか、どういったポイントでつまずくことが多いのか、すべてがわかるわけです。

チャンピオンと呼べる方々をLand＆Expandのフェーズで探すのが大事というお話をしましたが、そのチャンピオンだって日々不安です。

「この会社の製品を信じて導入したが失敗したらどうしよう……」

そんなときに他の会社でどうやって全社で活用する仕組みをつくったのか？　違う製品を使っていた部署も巻き込んでムーブメントを作っていったのか？　ライセンス費用をどうやって負担する仕組みをつくったのか？　徐々に拡大していく中でインフラの増強はどうしていたのか？　セキュリティ対策はどうすべきか？

すべてが実行済みの正解がホワイトペーパーに無料で書いてあるのです。

SS ホワイトペーパーの活用

ある年のセールスキックオフで発表されたこのホワイトペーパーを、世界中から集まった営業が真剣に読み込みました。そして確信したのです。これさえあれば既存のメンバーもこれから中途で入社してきたメンバーも、全社活用に向けたプロとしてお客様をリードすることができる。競合では真似できないような信頼を勝ち得ることができると。

このホワイトペーパーの活用の幅は広いです。次に何をやれば良いのかが具体的なステップでわかるので、お客様の現状を把握するアセスメントに使えます。お客様からすると現状の状況把握だけでなく足りていない部分の具体的な打ち手もわかりますし、営業からすると真正面からはヒアリングできないような、全社活用への進捗や障壁をすべて丸裸にして情報収集できるわけです。


さらに私たちのチームでは、このホワイトペーパーを体感するワークショップを営業主催で3ケ月もの期間を使って無償で開催してきました。招集するお客様はいずれも全社活用を狙うエンタープライズ企業のチャンピオンです。複数の会社を招集し、今何をやることで全社活用が進むのか、また参加している他の会社の活動状況も参考にしながら、真剣にホワイトペーパーの中身を学びます。

営業マネージャーの立場からすると、大事なお客様を各営業が支援しながらも、しっかりとした全社導入の案件もこのワークショップから次々と生み出されていくわけです。とても大事なイニシアチブになりました。

世の中の営業部長がアップセル、クロスセルする機会を探せという非常にわかりやすそうで、全く具体性がない指示を出しています。ベテランしかいない営業部隊ならこの指示はありえますが、少ないリソースで新しいメンバーも迎え入れながらやりくりしている営業部隊はこの指示では動けません。

しかし、このホワイトペーパーがあれば、製品の展開の仕方をお客様に示す中で、既に導入頂いているフロントエンドの製品からアップセル製品への拡大機会が作れます。複数の部署への展開方法もホワイトペーパーを参考にして伝えていく中で他の部署を巻き込みクロスセルする機会がつくれるようになるわけです。社員もあいまいな指示ではなく、全社展開への具体的な道筋がわかっているので自信をもってお客様訪問ができます。

第3章でお伝えした会議を前に進めるためのホワイトボーディングも、このホワイトペーパーをつくることであらゆる角度でお客様を導いていくことができるようになるのです。

第5章

コミュニティの活用

01

SALES SKILLS

カスタマーサクセス（Customer Success）

前章に引き続いて2つ目のアプローチはカスタマーサクセスです。ＳａａＳビジネスにおいてカスタマーサクセスの役割がどんどん広がっています。「販売してからがむしろ始まり」と言われるＳａａＳビジネスにおいて、全社活用にもっていくためにカスタマーサクセスが重要な役割を果たしてくれます。このカスタマーサクセスのミッションを一言で表すと何でしょうか？

ずばり「伴走」だと思います。お客様が山の頂上に登っていくときに後ろから「右だ左だ」と指示しながら適切な道を選んであげることです。

カスタマーサクセスが支援する伴走の中でも重要な役割を果たすコミュニティについて注力してお話をさせていただきたいと思います。

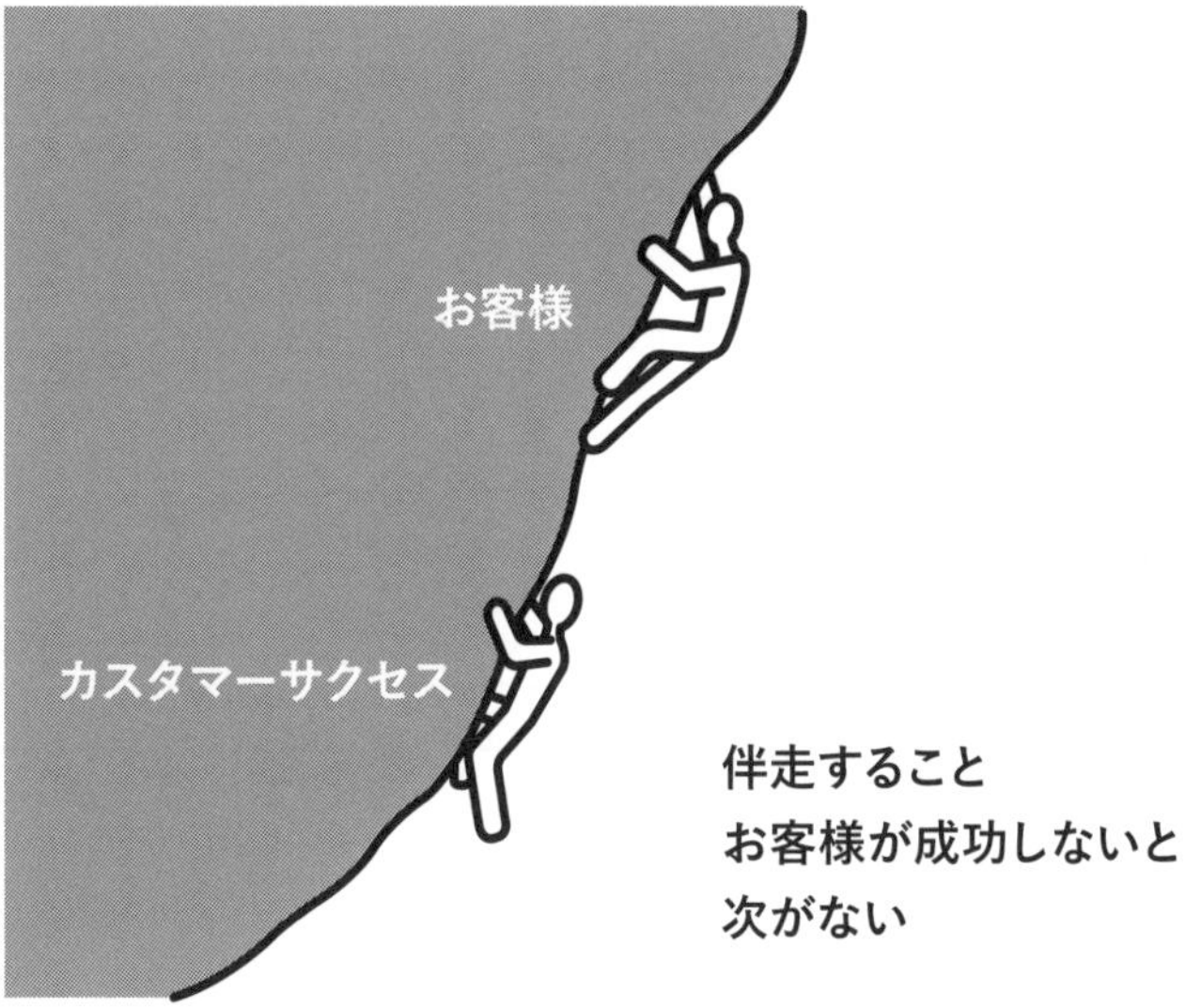
お客様
カスタマーサクセス
伴走すること
お客様が成功しないと
次がない

皆様の会社ではムーブメントをつくり爆発につなげるコミュニティ戦略を持っていますでしょうか？ コミュニティは興味がありますと言ってくださる社長も多くいましたが、まだ取り組めていないという会社が多いのも実態ではないでしょうか。

私がかつて所属していた大手の外資系IT会社でも、お客様を集めたイベントを実施していました。CxOレベルのお客様に地方のあるホテルに集めて、アメリカ本社からのCEOが来日するイベントです。一日のスケジュールは詳細まで計算して緻密に組み立てられ、満足度の高い情報提供もあり、煌びやかで素晴らしい世界でした。また年一回重要なお客様に参加いただくゴルフコンペもあり、業界でも力があるＣｘＯクラスの方々も参加されていました。
これが当たり前だと考えていました。しかし、私が小さい会社に入って初めて気づいたのですが、このようなイベントは大企業でありデファクトの製品を持つ会社だけが使える最上位の手法であると。というのも、デファクトにほど遠い会社が地方でイベントをやっても、誰も新幹線に乗って来てくれません。ゴルフコンペをしてもそもそも誰も参加しないのです。

既存のお客様を守るためのユーザー会ではなく、これからの会社がムーブメントを生み出すためのコミュニティとはなんでしょうか？　それは製品を活用し始めたばかりのユーザーや大切なチャンピオン、ＣｘＯクラスの役員までもが一緒になって、製品が実現する世界観に共感し、大きなうねりを世の中に生み出そうとするもの。それがコミュニティだと思っています。

コミュニティが重要な3つの理由

コミュニティといわれるものがなぜ重要なのか、3つの観点でお伝えします。

1つ目は製品の使い方や社内展開の仕方の事例が、お客様同士だと生々しい話で聞けます。第2章で営業も製品を普段から使うほうが売れるということをお伝えしました。

そもそも自社の製品を活用するための環境というのは当たり前のように整っています。実際のお客様の環境では製品を購入して使おうとしてもインストールできない環境だった。部署での数ライセンスの購入はチーム予算で簡単に出来たが、全社活用になった際にどうやって予算を確保したか、など営業ではわからないような生々しい会話をしていただけます。


2点目にそのような生々しい話を聞けた参加者が、このユーザー会はすごいと自主的に発信し始めてくれます。当たり前ですが、営業が自社のサービスがすごいと言うのと、その会に参加してくれたメンバーが「これはすごい」と発信してくれたのでは、受ける効果は1000倍、10000倍の差が出ます。そして、最後がもっとも重要ですが、このコミュニティを通じて知り合った出会いや気づきは絶対に裏切れないという話です。

これはエピソードを交えてお話しさせて下さい。

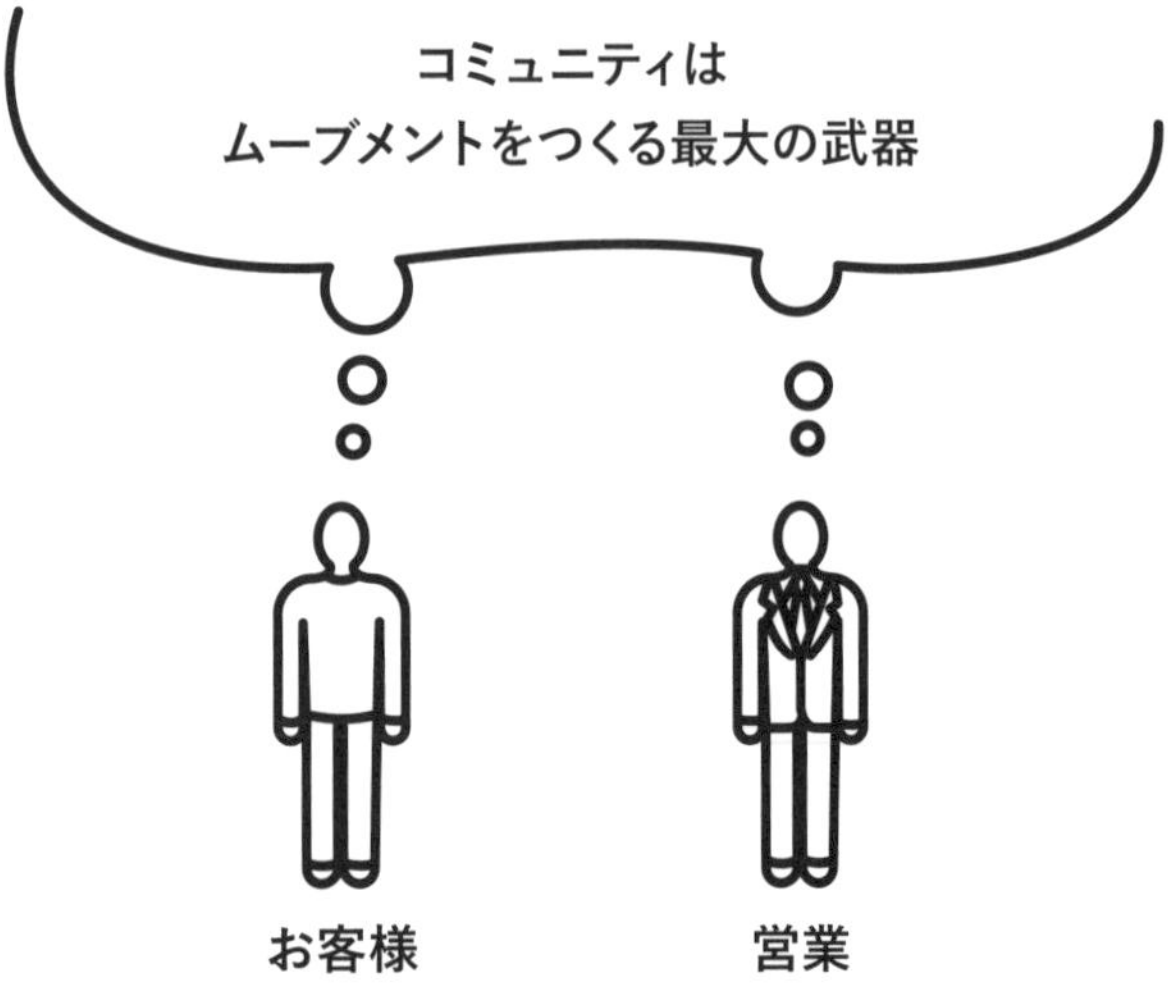
コミュニティは
ムーブメントをつくる最大の武器
お客様
営業

あるユーザー会で私が司会をさせて頂いていたときです。懇親会の最後にその日社内事例を講演して頂いた、ある会社の責任者の方に締めの言葉をお願いしました。その方もお酒を飲まれていたのですが、いきなり「みなさん、遠藤さんのところライセンス高くないですか?」という話を始めました。価格については徹底的な市場調査とデータに基づき設定されているので、標準価格で購入してもらう事をすべてのお客様にお願いしています。そのため、その話を聞いた周りのお客様も面白がって同意するように楽しそうなヤジも出ていました。私はどうなるのかな……と思いながら困った表情をしていたのですが、その方はさすがにエンタープライズ企業の責任者をしているだけあって、こう続けてくれたのです。
「でもね、今日私は本当に嬉しかったんです。というのも、私はあの○○会社の□□部長と楽しく会話させてもらいました。業界が業界なだけに私があの方とお話をするということは業界的にはざわつく話なんです。でも、今日はデータの具体的な活用の仕方について、もっと言えばデータを使ってどのように日本を変えるかという熱い話もさせてもらいました。今日気づいたのです、私が遠藤さんに払っている費用はライセンス費用ではなく、コミュニティの参加費用だって」

かっこいい締め方をしてくれたものです。冒頭からの反動もあり感動しましたし、聞いている他のお客様も大きな拍手をされていました。

個人の力でデータ活用を実践している方々を集めるのは限界があります。しかし、このコミュニティに参加することで多くの情報と仲間を得られたのであれば、人と人をつないでくれた製品を、その場所をつくってくれた会社を裏切れないということを表してくれたエピソードだと思います。

02

SALES SKILLS

コミュニティのつくり方

コミュニティのつくり方ですが、すごく難しいものだと思っていませんか？　前職では業界を代表する偉い方々の集まりだったので、席順から始まり、当日の段取りなど失礼にならないようにしっかりとした準備をして臨んでいました。しかし、このコミュニティにおけるユーザー会に関しては1つだけ準備できれば開催可能です。それはお客様が語る「濃い事例」です。これは私が開催していたときのユーザー会のアジェンダです。

ユーザー会アジェンダ
ウェルカムスピーチ：お客様側のリーダー、もしくは社員
新機能紹介：社員
事例紹介：お客様
懇親会：全員

ウェルカムスピーチは「ようこそみなさま！」です。ユーザー会なので製品についての紹介を社員が実施しても良いでしょう。大事なのはその後の事例紹介です。この事例紹介さえあれば人が集まります。

ここで注意してほしいのは事例紹介の中身です。お客様に事例紹介をお願いすること自体は営業として経験がある方もいると思います。お願いすることだけでも大変です。何とか承諾を頂いたとしても、それに安心してはいけません。色々頑張ってお願いした事例が、当日発表を聞いたら非常に薄い内容でがっかりしたということはよくある話です。

事例発表を聞いていて「違うんだ、そこが聞きたいのではない。なぜ既存で活用している製品と並行で新しい製品のトライアルもできるように社内説得出来たのか？」「クラウドとオンプレ両方の選択肢があって、何故途中からクラウドに切り替えたのか？」「ＳａａＳは勝手に製品がバージョンアップされるが社内システムとの連携は心配でなかったか？」などなど。

お客様が用意してくれる事例の裏に隠れている話を一歩進めて引き出すのが営業の仕事です。そこは伴走の1つとして責任をもち、お客様にどういった視点の情報が事例発表の講演で欲しいかをレビューしながら一緒につくり上げていきましょう。

最後のアジェンダが懇親会です。出す食事はピザとビールで十分です。重要なお客様が集まるから料亭などを用意する必要はありません。あえてフランクな場にすることで気軽に様々な立場の方々が語り合い、仲間になっていくのです。大事なのはユーザー会を通して、濃い情報交換の出来る場にしてあげることです。

ちなみに、私が入社した年である、会社設立の2年目にはすでにユーザー会の原形がありました。まだ採用企業数は少ないながらも濃い活用をしてくれているチャンピオンの方々が集まってユーザー会を開催していました。この本を読んでくれている皆様も「いつかはつくってみたい」ではなく、お客様が数社獲得でき、チャンピオンと呼べる方々が数名できたら、思い切ってピザとビールで始めてしまいましょう。

03

SALES SKILLS

コミュニティの階層わけ

コミュニティについて説明していた際にある会社から頂いた質問があります。

「コミュニティに階層わけは必要ですか？」

「はい必要です」とお答えしました。

コミュニティは大きく3つの階層にわけていました。それぞれのコミュニティが担う役割が違うためにわけていました。

まず最も大きく様々なレベルや切り口で開催されるのが、担当レベルで実施されるユーザー会です。あらゆる切り口でユーザー会が企画されます。人事部門ユーザー会などの職種別ユーザー会、関西ユーザー会などの地域別ユーザー会、その他にも特に素晴らしい活動をしていた女子会や学生ユーザー会などあらゆる切り口でお客様が共感できる切り口を用意してあげるのが大事です。

コミュニティの階層分け

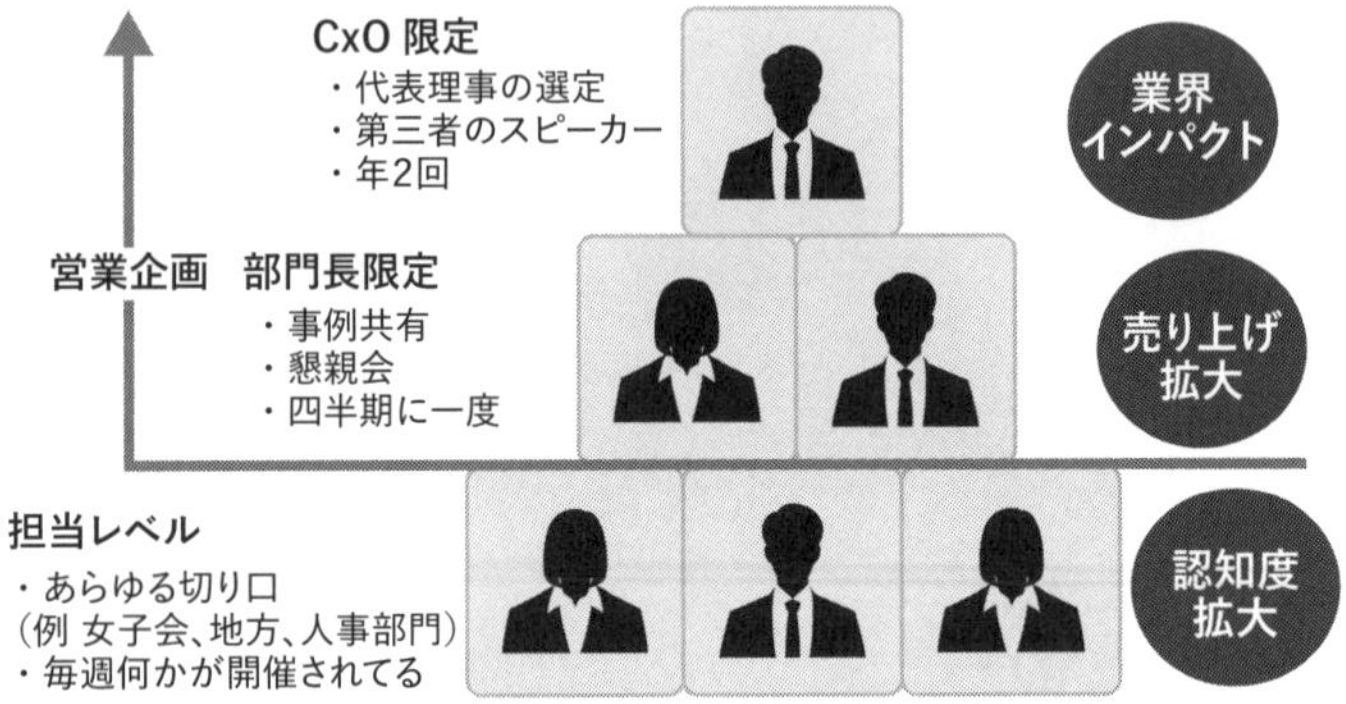

このユーザー会の役割は認知度の拡大です。先ほどお伝えしたように様々な切り口で集まった方々が、それぞれの濃い悩みを共有し濃い回答を得る場なので熱い会が催される度にあちらこちらで発信されていきます。

○○会社ユーザー会など特定の会社内で行われるユーザー会も同じです。会社でユーザー会を実施すると、普段は交わることがない色々な部署のユーザーが集まり、情報交換の中でムーブメントが起き始め、まだ使っていない人々に対しても認知が広がっていきます。

ここで基本をおさえますが、ユーザー会はあくまで〝ユーザー〟会ですので、ライセンスを購入したユーザーだけが集まれる場だということを理解してください。そしてユーザー会はユーザーが主役なので、その切り口の集まりの中でリーダーになれる方に幹事になってもらいます。次はいつ開催するのか、次はどの会社に事例を発表してもらうかを検討し、進めてもらいます。

事例発表に関しても、営業からの依頼ではなくお客様からお客様への依頼なのでＯＫが出る確率もあがります。当たり前ですが、営業は裏方として場所の確保や事例発表の伴走、ピザとビールの発注は継続して活動していきます。

2つ目の切り口ですが、ユーザー会だけだと認知度が広がる発信はあるとしても、直接的に新しいライセンス購入には至りません。そこで開催していたのが売り上げをつくるためのコミュニティです。ターゲットは部門長でした。

このイベントでも大事なのは濃い事例ですが、講演して頂く方も基本的には部門長クラスにお願いしていました。参加者は、この四半期でライセンスを購入してもらいたい新規のお客様の企業で部門長にあたる方々です。こだわるべきは参加するのも部門長クラスでお願いすることです。弱い営業は最初から「課長クラスで良いですか？」といった確認をしてきますが、そうすると買う確率も下がります。

どうしてもという場合はもちろん課長クラスでも参加してもらうほうが良いのですが、発表者も部門長ということを利用して上の方を連れてくることができれば、購入への可能性が上がります。実際に懇親会の場で発表者の方と、購入を検討されている責任者の方が話をして、案件が決まった例がいくつもありました。


3つ目の切り口は業界にインパクトを出すためのCxO限定のコミュニティです。この集まりは業界を代表する方々に集まってもらう会なので、設立2年目では開催できません。ある程度全社活用をしてくれる企業が出てきたときに狙いたいコミュニティです。

当たり前ですが、この会では自社の製品の事を伝える場ではなく、業界を代表する方々に海外を含むトレンドや、タブローで言えばデータ活用に関わるテーマを各社に討論して頂き、忙しい中でも参加したことが有益な場になることを心がけていました。最上位のコミュニティを持つことで、年一回の自社イベントもこのコミュニティに参加されている会社のCxOに講演をお願いすることが出来ます。基調講演のお願いをしなくても、次回は自分が講演しますというような流れをつくることさえできました。

この会は事前の準備等が大変でもありますが、このようなコミュニティが持てたということは、前職のイベント開催のように会社としても力をつけてきた証でもあるので、感慨深いものがありました。

コミュニティの基本は認知を世界に広げていくため、製品が業界のデファクトになるためのムーブメントをつくっていくためです。先にデファクトへの道をつくっていったアメリカ本場のコミュニティの素晴らしさも共有させて頂きます。タブロー社でもセールスフォース社でも実施していたのが権威のコミュニティです。

タブローではデータ活用を世界に広げる活動をされている方々を年一回Zen Master（ゼンマスター）として表彰していました。この権威のコミュニティはデータ活用を自社だけでなく、世界に広げる活動をしてくれていた方々を本社が認定し表彰する形をとっていました。そのため選ばれた方のネームバリューも一気にあがり、その後起業されるような例も出てきました。

本社が主導していた年一回のグローバルイベントは、最大のコミュニティイベントとしても素晴らしいものでした。ここで学んだのがこの本でも何度かキーワードで出している〝ゲーミフィケーション〟です。ゲーミフィケーションの力は、さまざまなゲームの要素

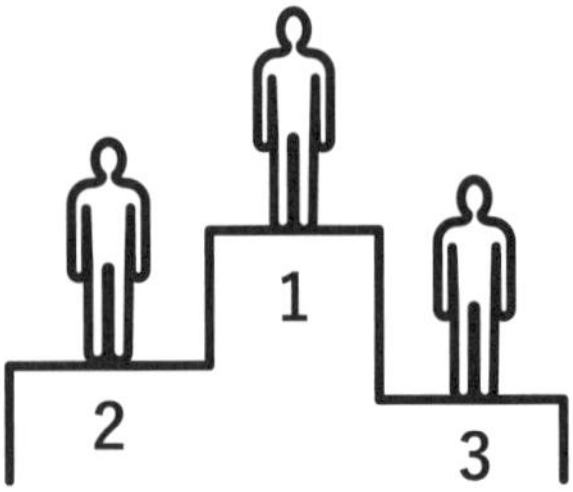

ゲーミフィケーションはコミュニティを倍速させる

である参加者間の競争や協力、自身の挑戦や達成などを応用して参加者のモチベーションを高め、物事を一気に推進することができるのです。

そのゲーミフィケーションイベントがIron Viz（アイアン ヴィズ）でした。Ironの日本語訳が鉄ですが、日本で昔流行った番組の『料理の鉄人』とルールは同じです。参加者は料理の鉄人の共通食材と同じように、共通のデータセットを渡されて20分で元のデータセットをダッシュボードと呼ばれる、効果的に可視化した作品につくり上げるのです。グローバルイベントでは各大陸から勝ち上がってきた3名がステージ中央に登場し、世界中から集まった観客が見守る中20分でダッシュボードを作成し、魅力的なストーリーを発表します。

日本人である私は仕事に遊びを持ち込むことに対して、最初は抵抗感を感じました。しかし、毎年参加してIron Vizの盛り上がりを見ていく中で、ムーブメントをつくるのに楽しさが重要な役割を果たすことを学んだのです。

日本からこのグローバルイベントに参加されたあるエンタープライズ企業のCｘOも、このゲーミフィケーションを絶賛していました。自社のユーザー会でIron Vizの重要性を啓蒙し、その後チャンピオンが強力に推進されて、最後はIron Vizを地方大会から開催するまでに至りました。言うまでもないですが全国で圧倒的なムーブメントがつくり上げられていました。

年一回のグローバルイベントは世界中の最新の濃い事例を聞ける場でした。さらなる全社活用への具体的なステップを知ってもらうために、各営業は1社あたり2人お連れするべくお誘いをしていました。１人はテクニカルに強いチャンピオン、もう一人はドライブに強いチャンピオンです。

昼間は最新のグローバル事例を真剣に学んでもらい、夜は日本中から集まった各社のチャンピオン同士が、その内容についてお酒を飲みながら異国の地で議論する。このイベントに昼夜参加することで企業の枠を超えた強固な横のつながりがつくられて、ある意味最強の応援団がつくられていきました。

このグローバルイベントで得た学びを、参加していない日本のお客様にも伝えるべく営業全員で協力して1ページの事例集をつくったり、ゲーミフィケーションを参考にしながらユーザー会を進化させることで、日本でのコミュニティを加速化させていきました。

コミュニティについては3つほどお伝えしましたが、その他にも売り上げに貢献した戦略的なコミュニティの派生について、さらに2つほどご紹介させてください。

04
SALES SKILLS

売り上げるコミュニティ

1つ目は重要顧客の説得を目的にした2社限定のコミュニティです。これは、圧倒的なチャンピオンがいる会社と見込み客のエグゼクティブを対談させるような形で実施する会です。見込み客に関しては決定権があるエグゼクティブの方に参加してもらうことが条件です。その責任者が採用を決断するにあたっての懸念や質問を、実際活用している圧倒的なチャンピオンに答えてもらうのです。

当たり前ですが、営業がここで口をはさむようなことはしません。圧倒的チャンピオンはドライブが上手なので他社にも圧倒的な言葉の力で体感させてくれるのです。この2社限定のコミュニティは伝統的でStatus Quoを体現しているような、トラディショナルな企業を説得する際にも効きました。

このような取り組みを紹介するとよく聞かれる質問が、「何故そのチャンピオンの方は自社の取り組みでもないのに他社の方を説得するようなことまでお付き合いをしてくれるのですか？」という質問です。私もそう思います。

本当にその方々の好意に甘えているだけなのですが、あえて書くとしたら、その方々とは圧倒的なWhyを共感出来ている仲間ということです。人を助けたいという深いところでのつながりがあり、日本を変えようという強い思いで付き合いをしてくれる方々なのです。当たり前ですが、営業的な立ち回りも当然ながらやります。

たとえば、圧倒的なチャンピオンが部長だとすると、その上の執行役員の方にお会いするときには必ず、そのチャンピオンが実施してくれた活動をご報告するようにしています。

「この前○○さんがわざわざ△△までお越しくださり、□□会社の本部長を説得してくれました。伝統的な会社を変えるための組織に向かってやらなくてはならない活動までご紹介頂き、□□会社の本部長も社内の説得の仕方や進め方まで納得して決断してくれました」

直接上司にこんなことをしてきたとアピールすることは、日本人の美学としてなかなか行いません。そのときに活躍するのが我々営業です。圧倒的なチャンピオンがやってくれたことをアピールするのです。報告を受けた上司も、日本を変えるためという高い視点には悪い気がしません。チャンピオンも、営業が礼儀をもって対応してくれていると理解して良い循環が生まれます。私がいつも願っていたのは、圧倒的なチャンピオンが業界のヒーローになってほしいということです。そのために営業でできることは全部やろうと。

SS 最強のコミュニティ

最後に紹介するのが、最強のコミュニティと呼ばれているセイバー（Saber）コミュニティです。これは、タブローで活躍されていたプリセールスエンジニアがつくり出したコミュニティです。彼女はすでにタブローを退職されていますが、いまだにこのコミュニティは発展を続けており、世の中に圧倒的なデータ活用人材を生み出し続けています。

タブローはスター・ウォーズが好きだったこともあり、自由と正義の守護者であるＪＥＤＩの騎士が由来でＪＥＤＩプログラムという名前で始まったプログラムがあります。これはデータドリブンな文化を広めるために、包括的な知識を3ケ月という短期間で習得する過酷なプログラムでした。ここで育成されるのはまさに私が記載してきたチャンピオンの究極系で、テクニカルにもドライブにも強いメンバーが育成されます。最初の１００名までは彼女自ら育成をしたのですが、その後プログラムは一般開放され、認定を受けたチャンピオン（ＪＥＤＩ）の方々がさらに弟子（パダワン）をとり、チャンピオンを育成していく仕組みに発展しました。ここにもゲーミフィケーションの要素があり、お互い何名のチャンピオンを育成したのか競い合っています。

最初に100名を募った際のセイバープログラム参加条件がその後の発展につながりましたので参考にご紹介します。

①各社1名のみの選出
②事前にトレーニングをすべて完了していること
③参加にあたり責任者である役員の承認が必要。プログラム参加の前後でその役員との面談を設定する

この3つが条件でした。特に3つ目の条件が秀逸で、正式にチャンピオン候補を会社が選出してくるわけですし、営業としては責任者である役員に会えます。100名だけという貴重性もあり、その時代はセイバーがいる会社の役員が他の会社の役員に自慢するような現象も生まれていました。

セイバー認定を受けて卒業できたメンバーは、圧倒的なチャンピオンとして社内に製品を広げる仲間になってくれました。営業は駆け引きなど必要なく、この圧倒的なチャンピオンにどうやって社内にライセンスを広げるか相談できるわけです。現役メンバーに聞いたところ、今でもこのセイバープログラムが全社活用に広げるのに本当に貢献していると話をしていたので、最強のコミュニティだと思います。

05
SALES SKILLS

コミュニティが爆発につなげるムーブメントをつくる

ここまで爆発につなげるコミュニティについてお話をしてきました。最後にコミュニティを実施するにあたり、心がけていたことを「対お客様の観点」と「対社内の観点」でそれぞれお伝えしたいと思います。

SS 対お客様の視点

「対お客様」に関して、重要なのは濃い事例を聞けるようにお願いすることです。最後まで発表者に伴走して濃い内容になるように盛り上げてあげることが大事です。そして、コミュニティはあくまで情報共有の場であり、ビジネスの場ではないということです。参加しているメンバーが他のお客様に営業を始めてしまうと一気に場が冷めてしまいコミュニティの魔法が解けてしまいます。新しいビジネスが掛け算で生まれていくのは素晴らしい事ですが、営業の場にしようとしている方には退場してもらいましょう。

最後は、社会人の青春の場として、向上心がある方々がお互い競い合う場という意識を持ってもらうことでした。

SS 対社内の視点

「対社内」で心がけていたことは、チャンピオンへの心からの感謝と還元です。業務があるのにもかかわらず、コミュニティを支える活動をされている方々の行動は当たり前ではありません。先ほどお伝えしたような、その方の上司を含めたお礼や配慮が必要です。

次は社員もきちんと参加し続けることです。ユーザー会はユーザーのものですと話をしましたが、誰の会社のコミュニティなのかを忘れてはいけません。社員が参加し続けて行うのはお客様同士をつなぐことです。このつなぐことが、何か新しいものが始まるという観点でも大事です。あの方々は過去に困っていたポイントが似ている。この方々は趣味が一緒だ。コミュニティに参加することが楽しみになる仲間づくりを意識しましょう。

最後はコミュニティに営業だけでなく、社内の多くの部門が関わっていくことです。エンジニアチーム、開発チーム、サポートチーム、マーケティングチームなど様々な部門も関わっていくことが大事です。

アメリカで開催されるグローバルイベントは、世界中からユーザーが集まる最も熱いコミュニティです。この懇親会の際に私が言われた一言がとても印象に残っています。

「遠藤さんとは今日は話したくないんだよな〜」

これはショックを受ける言葉ではないのです。大好きな製品の未来が聞けたカンファレンスですので、あの発表がどういった意味合いを持つのか、技術がわかるメンバーと話し込みたいという意味での素晴らしい発言でした。ユーザー会に開発チームがいることでお客様がより製品を好きになってくれる後押しができるのです。

チャレンジャーの立場にある製品はまだデファクトになっていないというのは何度も申し上げてきました。つまり、まだ完成をしていない未熟な製品とも言えるわけです。製品が未熟な段階から、お客様と開発のメンバーがコミュニティ内で将来希望する機能について意見交換をし、実際に製品となったのであれば、その製品への心理的オーナーシップが生まれます。未熟な製品でも自分の製品として愛おしく思ってもらえるからです。

この取り組みは、お客様にとってだけでなく、開発メンバーにもメリットがあります。試行錯誤の末にリリースした製品に対する意見を直接聞けるので、もし新機能を褒めてくれたり、感謝されるようなことがあれば、開発のモチベーションにもつながります。

ちなみに、タブロー社の製品開発はコミュニティを大事にしていて、50%はコミュニティであがってくる機能を公正な投票の上位から実装しています。残りの50%は業界をひっぱるリーディングカンパニーとして、サプライズ的にお客様を喜ばす製品開発を行っています。コミュニティで得た情報を基に製品がリリースされていくことは、営業としても「あの機能出ましたよ!」といった熱い会話ができる武器の1つになっていました。


コミュニティの役割は非常に多彩です。様々な角度で認知度を広げる、直接的な購入に働きかける、業界にインパクトを与える。憧れのコミュニティもあれば、開発メンバーのモチベーションをあげたり、お客様に心理的オーナーシップを持たせたりすることまで幅も広いのです。いきなりすべてのコミュニティを実施することはできません。主役はあくまでユーザーです。皆様の会社のチャンピオンとどういったコミュニティがあれば盛り上がるか、濃い事例を発表できるか、ピザとビールを持って始めてみても良いと思います。

第6章

CxOアプローチ

01

SALES SKILLS

コンフォートゾーンを超える

全社活用アプローチの最後はＣｘＯアプローチです。絶対に最後に登らないといけない山です。かつては私たちのような小さい会社がエンタープライズ企業のＣｘＯなんて会えないだろう、部長に会えればすごい、という風に思っていました。しかし、その瞬間に何が起きるかというと、その会社での活用はその部の中で留まるということです。エンタープライズ企業は、役職ごとに力の階層があります。つまり、役職の階層があがるごとに社内に及ぼす影響力があがっていくのです。

固定観念としてあるのは、自分はただの担当営業なので上の方に会うには役職者を連れて行かないといけない、と思ってしまう事です。これも気をつけないといけません。

当時は社長以下全員フラットな組織でした。つまり、私の上長は社長だけです。社長以上の役職の方を連れていくとしたら海外から連れて来るしかないわけです。部長に会う際に一度でも社長を連れて行ってしまうと、役員に会うためにはそれ以上の役職を連れてきてほしいと言われてしまいます。

SS エイムしてますか？

私自身が担当営業のときに思っていたのは、自分がどれだけコンフォートゾーンを超えるかで会社の成長が変わってくるということです。エイム（Aim：狙う）するという英単語を使ってチームメンバーを鼓舞していました。

営業としてどれだけ上を目指せているか、コンフォートゾーンに対してチャレンジしているかを聞くために、むかし長嶋茂雄さんがセコムのCMをしている時の「セコムしてますか？」というフレーズになぞらって「エイムしてますか？」と冗談のように、そして真剣にチームメンバーには聞いていました。

自分自身も営業としてエイムしているかと自問自答を繰り返す中で、あるエンタープライズ企業に大型契約を頂く際に、担当営業として社長を連れずに14名の執行役員に会いに行きました。ときには「えっ？　遠藤さん一人で来るの？」と部下の方に驚かれました。もっとダイレクトな言い方であれば嫌がられるケースもありましたが、「すいません、私の上司が社長しかいないので」と言えばほとんどの人にわかっていただけました。

私がマネージャーになってからも、中途で入ってきた営業メンバーに「あの会社の部長に会いに行くには、US本社側の役員を連れて行かないと釣り合いません」と言われたこともありました。「それは大企業だけができる固定観念だから我々は素敵な勘違いをしよう。そもそも海外から人が来るのを待っていたら時間がいくらあっても足りない。我々だけで会いに行って、お客様に少しでも早く価値に気づいてもらう。その結果として早く変革を実行できたなら逆にお客様に感謝されるはずだ」と勇気づけていました。

SS 山の3つの登り方

さあ実際に山に登るCxOアプローチですが、どうやって調整するかです。まず大前提としてはチャンピオンと調整するのが基本中の基本です。どうやってキャズムを飛び越えようか、ここまで相談しながら歩んできた強力な仲間です。このチャンピオンと作戦を立てながら社内調整していきます。

あるとき、チームメンバーが全社活用に至っていないが絶対にエイムしたい会社がありました。その営業は会社のチャンピオンと相談し、一気に拡大を図るために社内のエグゼクティブ訪問をチャンピオンが調整してくれました。その会社は大阪にあったのですが、1時間の打ち合わせ毎に入れ代わり立ち代わりその会社のエグゼクティブが同じ部屋に順番に入ってくるという調整をしてくれたそうです。自分達ではこんな訪問調整は絶対にできません。チャンピオンをつかまえることのすごさを改めて感じたものです。

2つ目の登り方は、商談のクローズ前後に「会社 対 会社の関係にする」ように調整することです。ある程度の規模で活用を頂くとき、何かトラブルがあった際に担当レベルではお互い責任を取れません。会社のトップ同士が会話できる状況にしておくことが大事なのでCxOとの面談の場をつくっておくことを推奨します。これは中規模案件の前後にお願いしていましたが、スタンダードな登り方の1つだと思います。

3つ目の登り方は横の関係や、斜め下からのアプローチです。第2章で記載しましたが、CxOのリードなど絶対に入ってきません。来ないリードを前提にした営業戦略はどこかで破綻します。営業はどうやったら会えるだろうとただエイムするしかないのです。

本丸ではない部署やグループ会社のアポでも、狙ったターゲットとの関係性がある場合は、打ち合わせの中でその方にお会いしたいとダイレクトに依頼します。私も全社活用するためにＩＴの部長にお会いしたかった際、ＩＴ部門の誰にお願いしても部長とのアポイントはセットしてくれませんでした。チャンピオンがいたとしても、その方の役職や会社の方針などからＣｘＯレベルとの調整ができないケースがあるのも事実です。

そんな折に総務部の部長訪問のアポイントが取れました。私たちの製品だと正直この訪問で大規模に購入いただくようなきっかけはつくれません。しかし真剣に打ち合わせを実施し、総務部長に明るい未来を体感してもらって最後に目指すのはＩＴ部長との面談のお願いです。エンタープライズ企業では部長同士は横同士のつながりなので、下からあがっていくよりはるかに簡単にアポイントを取得できるケースもあります。

大きな会社の場合も事前に情報を調べる中で、ＣｘＯクラスまであがってくると何年次入社などの情報も取れます。そうなると、狙いたい会社のＣｘＯクラスと、既にお会いできているＣｘＯが同期入社であれば、橋渡しをお願いすることもできます。これもどうにかして会える方法がないかを常に考えているからこそ情報が手に入るものですし、紹介をしてもらう人に製品の価値が事前に届いているからこそ紹介してもらえるのです。

02

SALES SKILLS

CxOミーティング

紹介した3つの登り方でCxOミーティングをセットできたら、何を目指すのでしょうか？

1つは先ほどの会社 対 会社の関係性をつくるという意味で、トップ同士のリレーションをつくります。2つ目はCxOが社内外に発表する戦略の中に製品価値が組み込まれるように訴求すること。3つ目が全社活用に向けた包括契約の提案です。今まで散々値引きはかっこ悪い、価値を理解してもらえないときに使うもの、と書いてきましたが、エンタープライズ企業で全社活用を提案する際の戦略的な包括契約は逆に必須です。

包括契約は、値引きを使って戦略的に全社活用にもっていくための最大奥義ですが、これは現場で簡単に提案させて良いものではありません。包括契約を適用する際の売り上げ規模や適用人数、複数年計画であればユーザー数の各年の増加率。これらの数字をすべて洗い出し、明確なロジックによって包括契約で提供する値引き率が決まっていきます。まさにこの適用ルールこそが戦略です。

各営業にもこの適用ルールを徹底して理解させることで、ある程度の規模まできている案件を包括契約が適用できるところまで引き上げます。お客様にとっても包括契約のほうがメリットがあるわけですから、どうすれば良いかお客様から営業に相談をもってきてもらえるぐらいまで営業を鍛えたいところです。包括契約の中身はお客様にとっても営業にとってもWin-Winになるようにつくらないといけません。重要な戦略として毎年見直され適用のルールや内容が進化し続けることが求められます。

CxOとの打ち合わせは価値を届け、信頼を勝ち得る勝負の30分です。狙いは全社活用にもっていくためですが、ここまで積み上げてきた事例を使って社内にどれだけ活用されているかを知ってもらいます。さらにどういった活用までもっていきたいのかという期待値も伝えます。

ここで可能であれば、戦友としてキャズム超えを共にしてきたチャンピオンの活躍もCxOに伝え、現場の方々がさらなる活用にあたってどういうことをCxOに期待しているかなど、現場の生の声も届けたいです。チャンピオンが直接上層部に言いづらいことを営業が伝えることができれば、さらなる信頼を得てWin-Winの関係は深まります。そして、打ち合わせで残す余白の時間でＣｘＯの意向をひたすら聞き、会社として狙う提案を最後にします。

SS 営業としての使命

ＣｘＯアプローチにチャレンジすることは営業としての使命だと思います。皆様の会社が世界を変えることを目指しているのであれば、エンタープライズ企業に採用されることが近道の１つです。そのエイムが会社として、またあなた自身の人としての成長につながります。ＣｘＯ訪問の効果は圧倒的なスピードで、その範囲もまったく違ったレベルで決まります。

業界を代表するようなＣｘＯの方々は圧倒的な思いや知見をもっていて、元気を頂けます。ＣｘＯに会えるのは役得だと思っていましたが、私が会社を退職するときに日本最大の案件に取り組んでいました。私が退職するまでにこの案件を決め切りたいという焦りで、包括契約のような戦略的な提案ではなくクロージングのためだけの値引き提案を持ち掛けたことがありました。

尊敬する会社のCｘOからは本当に多くのことを教えてもらっていたのですが、その打ち合わせで「遠藤さん、我々は値引きうんぬんで何かを決める関係ではないでしょう。それよりもこの規模で購入した場合にどうやって全社規模で使い倒せるか、それを考えるパートナーでしょう」と言われた際には、打ち合わせ中でしたが熱いものがこみ上げてきました。本当に素晴らしい思いをもった方ばかりでした。


最後の教えはとても重要です。エンタープライズ企業の役員の方々は本当にえらい方々だからと、営業が下からへつらい過ぎるケースがありますが、それではいけないという教えです。下からへつらうと人間と人間の関係性は生まれず、お客様は神様であるという上下の関係しか生まれません。笑い話のように聞かされたのは、「会社のCｘOになっているような人は社内でものすごい影響力をもっている。しかしそんな偉い方も家に帰れば、ただのお父さん。年頃の娘には嫌われていて洗濯物は別なはずだ」という教えでした。

本当はそういうわけではないと思いますが、CｘOも同じ人間なのだという認識が持てました。その上で当たり前ですが、礼儀を大事にしながら人間と人間の関係性を作るこ

2つのアプローチを実践

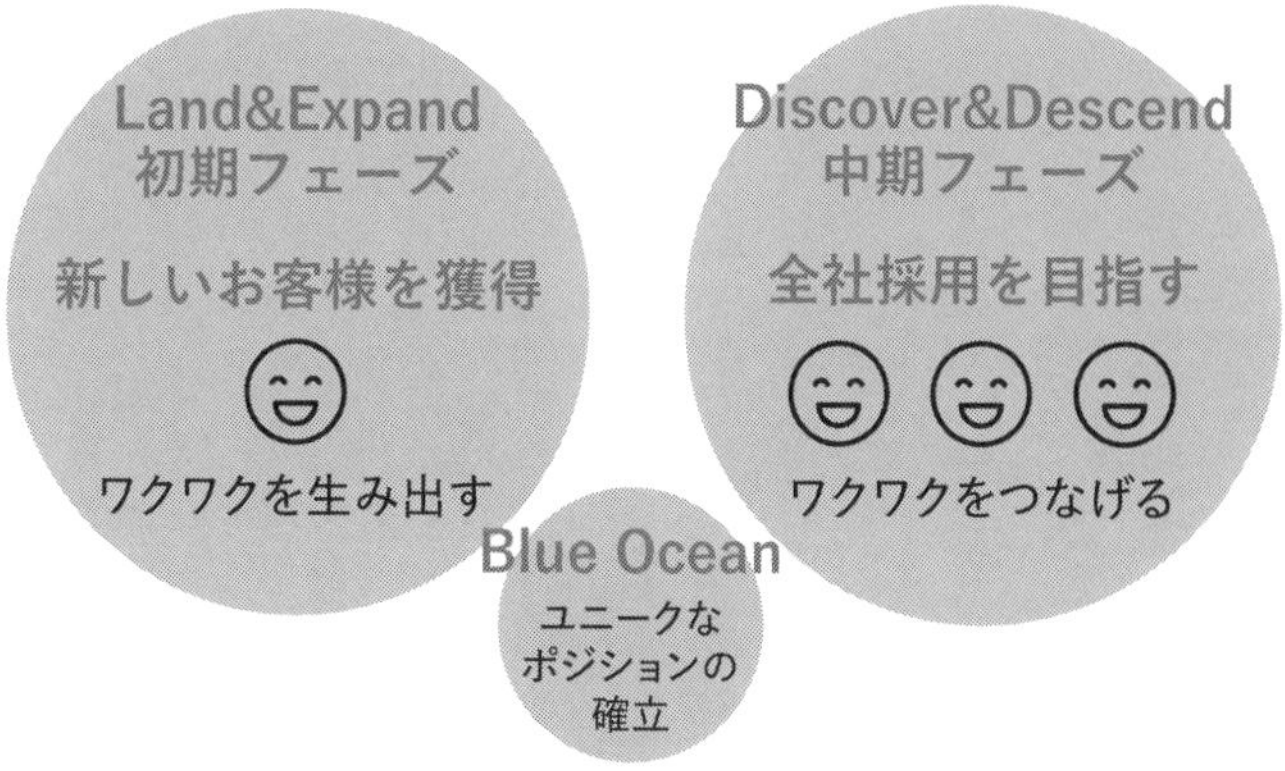

1. 魅力を引き立てるデモの習得
2. 業界にあった事例のインプット
3. トライアルで体験を届ける

1. 全社展開を実践する方法論とその徹底
2. カスタマーサクセス（コミュニティの活用）
3.CxOアプローチ

とを意識できるようになりました。

戦略的アプローチについては、Land & ExpandとDiscover & Descendの章でお伝えしましたので、ここでまとめたいと思います。

Land & Expandの初期フェーズでは、魅力を引き立てるデモの習得、業界にあった事例のインプット、トライアルで体験を届けるという3つのアプローチで新しいお客様を獲得します。一言でまとめるとこのアプローチでお客様に「ワクワクを生み出すフェーズ」だと位置づけられます。

次のDiscover＆Descendは全社展開を実践する方法論とその徹底、カスタマー・サクセス（コミュニティの活用）、C x Oアプローチの3つのアプローチを学んだわけです。これも一言でまとめるとLand＆Expandでつくったワクワクをコミュニティで横に、C x Oアプローチで縦に広げるということで「ワクワクをつなげていくフェーズ」だと思います。

皆様もワクワクをつくり、そしてワクワクをつなげていくことで全社活用に導いていって下さい。

第7章

大型商談でのクロージング

01

SALES SKILLS

時間がかかっても勝ちたい商談

戦略的アプローチについては前の章で完結したので、今度は再度、人生を変える営業スキルについてお伝えしたいと思います。

前章の最後に、打ち合わせの中でお客様の気持ちをワクワクさせることができたのであれば次のステップで「次に何を一緒にやるか」にたどりつけるという話をしました。毎回ここまでの準備をし、打ち合わせ中でも真剣に何とか前に好転させようと臨んでいるのでしょうか？

答えは、「はい、そうです」。それがプロの営業だと思います。

思い出してください。ホワイトペーパーをダウンロードした次の日に電話をかけてきたセールスフォースの新卒は、素直さと営業としての強さも持っていました。しかし、会社としてここまで徹底した準備とフォローを新卒1年目にも徹底して指導しているところにすごさも感じませんか？

この本を読んでいる皆様の中には彼と同世代の方々もいらっしゃると思います。負けてられません。この瞬間も1本の電話、1枚の名刺を多く集めようと努力している仲間がいます。皆様も負けずに活動量を上げていってください。


この章では大型商談でのクロージングについて、お話を進めていきたいと思います。

初期フェーズで私たちが意識していたのは、自社の勝ちパターンに持ち込んでどれだけ早く勝てるかでした。そのため、どんなに有名な会社でもRFP (Request For Proposal)と呼ばれる提案要求書が出てくる商談は参加しませんでした。このフェーズから商談に入っていくということは、既にRFPを一緒につくっている会社があればそもそも勝てず、提案書をつくるにも時間がかかる等を考慮して、提案しないことに決めていました。

もちろん会社が成長していく段階ではRFP案件に参加していく場面も出てきますが、初期は営業リソースも少なく、そのお客様でなくても日本中にある数百万の他の企業を相手にして自分達のお客様になってもらったほうが良い。まさに時間との勝負です。しかし、これからお伝えするのは初期フェーズを超え、全社活用に向かっていくアプローチの中で出てくる大型商談のクロージングについてです。むしろ会社の成長のために、時間がかかったとしても勝ちたい商談です。

大型商談でも重要な役割を果たすのがチャンピオンの存在です。彼らの協力なしには何も始まりません。案件に関わる関係者（インナーサークル）の協力を貰うためにも大事です。どういった情報を集めていくかというと次の3つとなります。

❶Success Criteria（購買基準）として何が重要視されるか

購入してもらうための最大購買動機を考えることが大事です。何故顧客はこの商品を買うのだろうか？　Success Criteria（購買基準）を確認していくわけです。どういった提案になれば買ってもらえるのか、何を満たせばよいか。ディシジョンメーカーの考えを数回の打ち合わせですべて読み取ることは難しいです。

そんな折に毎日のようにオフィスでディシジョンメーカーとの会話が可能なチャンピオンに探ってもらうことがどれだけ心強いか。Success Criteriaを満たしお客様と営業で共通のWin-Winになれるポイントを見つけていくことが出来ます。

❷社内反対派（エネミー）／競合の情報確認

大型案件にもなると、組織の中で反対勢力が存在します。違う製品を部署で長年使っている。役員同士の争いの中で何をするにも大きな導入は反対される。全社活用の導入は、反対勢力がユーザー部門だとすると、使うほうの意見が強い場合もあり話が進みません。IT部門の役員の方が影響力として強いか弱いかなど、パワーバランスの情報を入手し対策を打っていきましょう。

また、大型商談であれば1社提案ということはまずありません。提案、価格の妥当性を図るために複数社の提案を決まりにしている会社もあります。

競合がどのような提案をしているのか、また価格の妥当性はあるのか。当て馬が相見積もりでもってきた、不当に安い金額に合わせる要求を貫った際にもチャンピオンがいないと提案価格の判断がつきません。もちろん、チャンピオンも会社側の人間なのですべての情報を教えることはできません。ただ大型商談ではロジックを考えるための少しの情報があるのとないのとではそこに大きな差が生まれます。

❸ＢＡＮＴ状況の確認

営業として社内共通語にしたいのがこのＢＡＮＴです。それぞれの意味する英語の頭文字からきています。

ここで私が初めて部長になったときの話をしますが、恥ずかしながらこのＢＡＮＴという言葉さえ私の引き出しには入っていませんでした。週一回のフォーキャスト会議で役員に対し数字の報告をします。そこで毎回のように私が言われていたのが「Rose Glassになってないか？」という言葉でした。Rose Colored Glassで検索いただくと出てきますが、そのまま訳すとバラ色の眼鏡です。

「お客様が大丈夫と言っているのでＱ４にこの案件は入ります」とＢＡＮＴの引き出しがない私が報告していた内容です。そんな折に出てくる言葉が「Rose Glassになってないか？」。つまり、バラ色の眼鏡をかけてお客様の言っていることを楽観的に鵜呑みにしてないか？ということでした。恥ずかしながら、そんな折にようやく学んだのがこのＢＡＮＴです。

ＢＡＮＴの頭文字の意味

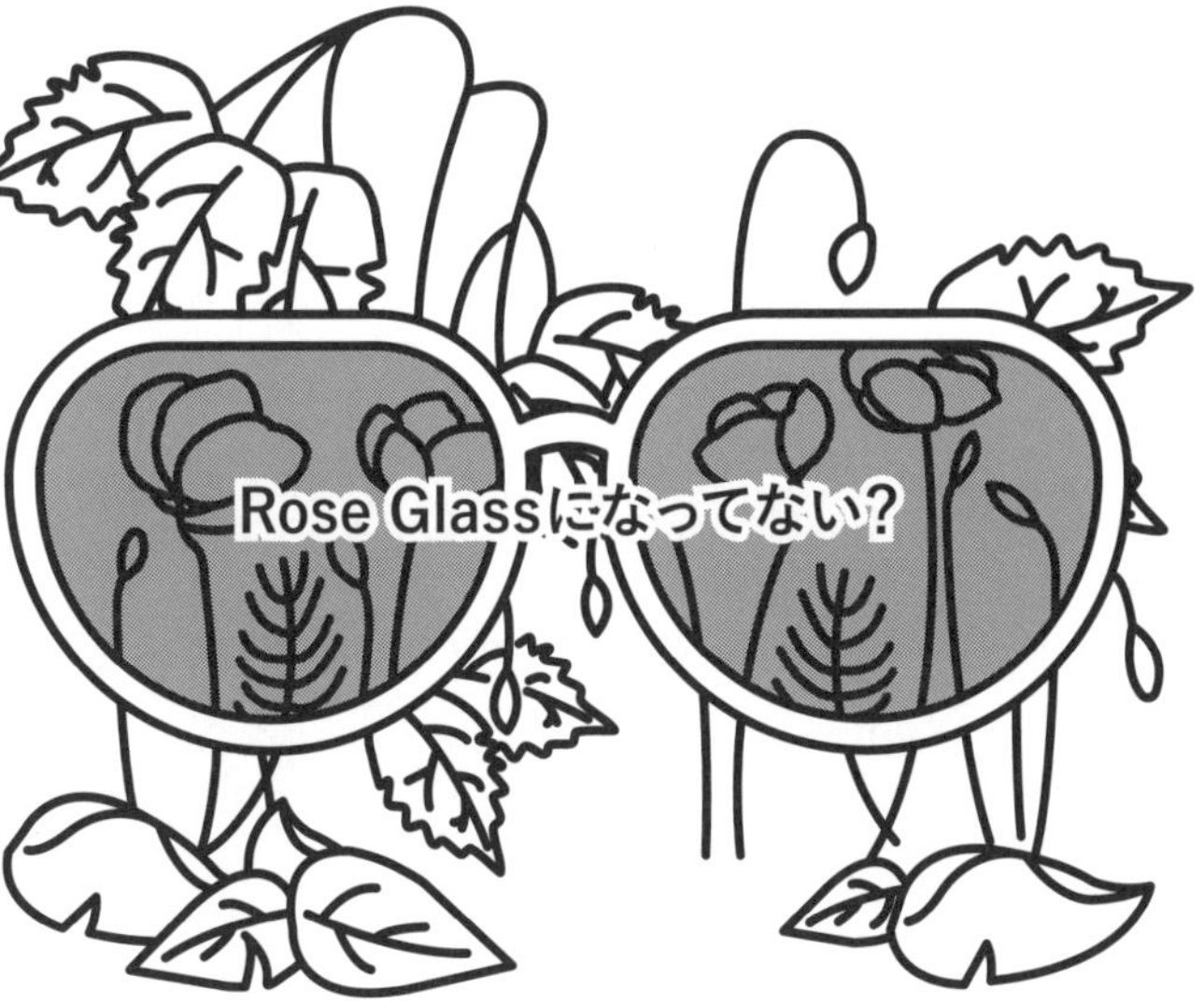

Budget：予算
Authority：決裁権
Needs：必要性
Timeframe：導入時期

ＢＡＮＴを使ったフォーキャスト会議の会話は以下です。

Budget質問：「予算があるということですが、いつの予算ですか？」

回答：「今年度の予算として８０００万円がＩＴ予算として確保されており、その中で今回のプロジェクト用に３０００万円が確保できたことが確認できています」

Authority質問：「発注できると言っているのは誰ですか？」

回答：「部長です」

Authority質問：「部長の予算権限はいくらですか？」

回答：「1000万円と聞いています」

Authority質問「今回は3000万円の案件なので部長が発注できると言ったとしても更なる承認が必要ですね」

回答「はい、その通りです。1000万円を超える予算の場合は取締役会の了承をもって発注がされます」

Needs質問：「取締役会に稟議がまわり、役員がこの製品を導入しないと決定した場合はどうなりますか？」

回答：「トライアルを営業部と人事が実施し、活用したいとIT部門に要求しているので、その部門からIT部門にクレームが入ります。特に社内に影響力が強い〇〇役員が責任者である営業部門では運用のテストスケジュールまで引かれていますので、止めるのは難しい状況です」

Timeframe質問：「先ほど確認すると言っていた取締役会ですが、いつ実施される予定ですか？」

回答：「今月最終週の火曜日の15時からと聞いています」

Timeframe質問：「部長が役員会にもっていくための資料はいつまでに用意する必要がありますか？」

回答：「今週の水曜日までに弊社からも資料を提出する必要があるので、昨日資料は完成させ、現在社内レビューをかけています」

このようにＢＡＮＴというフレームワークを活用してフォーキャスト会議を実施すると、どの営業も何をお客様との間で確認するかがわかってきますし、お客様との間でも抜けもれなく準備することもできます。

「お客様が大丈夫と言っているので、Ｑ４には入ります」の会話との違いはわかってもらえると思います。先ほどの会話には競合情報だったり、価格の妥当性だったりの会話は入れていませんが、最近ではＳＦＡの活用が案件レビューをより行いやすくしています。案件管理としてＳＦＡに必要項目を埋める中で、ＢＡＮＴ情報はもちろんのこと、案件の進捗に必要な情報を抜けもれなく対応できるようにつくられています。

02

SALES SKILLS

クロージングの交渉

大型商談のクロージングで私が意識していたのは、お客様と駆け引きをしないということでした。ＢＡＮＴを代表する様々な情報をくれるような信頼を確立できており、営業としてもお客様のSuccess Criteriaをクリアできるように誠実に対応していくことがクロージングへの近道だと信じているからです。営業本などに出てくるトライアルクローズはお客様に対して仕掛けるために行うのではなく、純粋に案件状況を確認するための手段として使うべきです。

トライアルクローズ：「稟議をあげるための見積もりをつくっておくべきでしょうか？」

客：「いや、そこは急ぎません。それよりも、営業部で活用できるかテストをしてもらっているのでそちらの手伝いをしてもらったほうが良いです。価格感は大枠で把握しているので必要なときに正確な見積もりをもらいたいです」

Ⓢ 様々なリスク

クロージングの交渉の中で、大型商談は様々なリスクが突然出てきます。しかし、絶対に慌ててはいけません。例えばフォーキャスト会議の中で出てくる会話として「そのチャンピオンはその規模の案件を過去に社内導入した実績があるか?」と聞くのですが、お客様もこれほどまでの大きな商談の導入は経験したことがない方かもしれません。

「Timeframeの質問に対してお客様がしっかり社内のことを調べてくれたとしても、過去に導入した経験がない方とやり取りしているのであれば、その発言は信憑性が高いのか、他にも確認しておくべきリスクはないのかとアンテナを張り続けるわけです。

クロージングの過程でお客様側からも出てくる警戒シグナルには、率直に理由を確認し対策していきます。ある意味リスクは必ず出てくると思っていましょう。慌てるのが馬鹿らしいような最後まで気が抜けないゲームだと思って達観しておくと、マインド的には平常心を保てます。

取締役会が無事通過して発注書を待っていたら、最後に社長の物理的ハンコをもらわないと発注書が出せないが、社長が出張中で来週までオフィスに来ないことがわかったみたいなことも起きました。

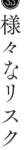

私が担当営業時にも物理的なハンコを捺す必要はなかったのですが、稟議を回す中で社内の稟議システムに入ってもらい電子ハンコを捺していく流れまでは把握していました。しかし、ある役員が海外出張に出ていて、期限の日は機内にいてどうしてもパソコンにログインができない状況だというのが判明しました。メールだといつ読んで頂けるか分からないので、その飛行機が海外の空港に到着するタイミングで購買部の責任者から電話をかけてもらい、承認をしてもらったこともあります。

リスクのタイプは様々ですが、その期に発注書を貰えない事案はすべてリスクです。慌てるのではなくお客様と誠実に向き合い、一緒に立ち向かいましょう。

大型商談のクロージングの章ですが、ここまで価格についてはお話ししていませんでした。

値引き依頼を受けないためにブルー・オーシャンのポジショニングを確立し、会社の価値をＷｈｙで伝え、それを体感してもらうためにデモや事例、そしてトライアルで実感をしてもらって初期導入に至ります。それにプラスして、私は初回訪問で値引きはない製品だという話を軽くでもするようにしています。

枕詞のように一度会議の中で「値引きしないで買ってもらっている製品なんですけど」

とか「他のお客様も値引きなしで導入して頂いている」など言い方も変えて必ず伝えます。そうすると、後にお客様のほうで値引きなしの金額で予算を組んでくれます。

ビックリする方もいると思いますが、エンタープライズ企業においては値引きできる可能性がないのであれば、それだけの予算を用意するだけの話です。値引きをしないと導入できなかった案件はこういった前振りや、製品の価値、そこまでの信頼の積み上げで会社を変革できる製品だと理解してもらえなかった結果だと思います。

ただ値引きについて定価で売り切れというだけのアドバイスだと、現実を無視しているということで皆様の気持ちが離れていくことも理解しています。エンタープライズ企業には購買部という部署が存在し、価格交渉をすることがミッションの部署さえあることはすでにお伝えしました。値引きで意識していたこともお伝えさせてください。

03

SALES SKILLS

値引きについて

❶値引きは厳しくコントロール（商談のスピードを最優先）

値引きができるとお客様から判断された瞬間に、値引き交渉だけで3ケ月なんてことはありえます。両社にとって時間の無駄で、早く導入して早く効果を出すほうがWin-Winです。現場を含めて厳しく値引き提案をコントロールします。

❷他の商品を入れ込む（トレーニングを販売／外部事例）

値引きを実施するとしても販売金額のトータルは変わらない提案にします。両社にとってのGive & Takeの交渉をするようにしていました。製品の値引きする費用分と同等のトレーニング費用を入れ込むわけです。トレーニングチケットを入れることで早い段階で製品を使いこなし、良さを実感してもらうことで現場での導入がスムーズになります。SaaSビジネスで大事なのは「徹底的に利用してもらう」でしたよね。そのための手段としても値引きを利用した強い提案になります。

値引きはしない会社と位置付けることができれば、期末の最後に製品のトレーニング込みでキャンペーンにする、みたいなサプライズ的案内も出せました。

トレーニングと同じく値引きをする代わりにお客様からTakeしていたのは「事例」になってもらうことです。「事例は活用が成功したらね」という話になったとしても良いですが、大型商談であればその合意は責任者同士が会社 対 会社の関係として話すことが大事です。

❸期間限定値引き(コンペリングイベントにつなげる)

コンペリングイベントとは、顧客が差し迫った状況としてその案件を契約に向かわせるのは何か、ということです。そのコンペリングイベントを期間限定の値引きでつくることはよく意識していました。先ほどのBANTで言うNeedsやTimeframeに関連する質問ですが「何故今買う必要があるか？」は営業にとって難敵です。お客様にとって購入するタイミングというのは優先順位として低い問題です。

多くの日本企業の年度末である3月末は確保していた年間予算の締め日にもなるので、その日を超えると来期予算を再度取り直す必要があるのはお客様にとっても大変です。3月末は両社にとって意味があるコンペリングイベントでその日までに一緒にクロージングしようと努力します。しかし、例えば6月がQ2の締めで7月がQ3の始まりだとしたら、お客様からして6月31日でも、7月1日でもその1日にたいした意味合いの差などありません。しかし営業からすると6月31日なら会社のヒーローですが、7月1日なら大バカ者であり社内的評価はされません。

たった1日の差に大きな意味があるのか疑問に思うかもしれません。しかし、四半期ごとの売り上げを市場に強くコミットしている外資系の会社や、ベンチャーキャピタルや銀行に対して、売り上げ数字をコミットしているスタートアップ企業も、宣言した数字を確実に作ることが求められます。お客様が社外に宣言している製品リリース日を考慮すると6月31日までに製品購入が必要であれば、それがコンペリングイベントです。

ただ、それが明確に確立できていない場合に、効果的なコンペリングイベントとして期間設定がある値引きも1つの策になります。書く必要もないと思いますが、6月31日までに受注できなかった場合、7月1日以降も同等の値引きでの見積もりは絶対つくってはいけません。その日までに導入しようと頑張ってくれていたお客様にも失礼です。

また、6月31日が有効期限の見積もりを出すこともお勧めしません。最低でもその3日早い6月28日ぐらいにしましょう。6月31日までの特価見積もりを提出して社内をまわしてもらっていると、お話しした飛行機内で電子ハンコが捺せないといった突発的なリスクで期末を超えてしまうことが起きえます。3日の余裕が営業を救うことはよくある話です。その際も社内の特価承認は6月31日までは取っておき、28日を超えたとしても特価見積提示が瞬時に提示できるよう、リスクマネジメントはしておくことです。営業は常日頃からリスクについて考え続けます。

CxOアプローチでお話をした包括契約は営業の最大奥義ですが、こちらもいつまでも提案内容が有効な方法ではありません。社内承認がされ提案できるのはその期末内のみであり、お客様に動いてもらう最大のコンペリングイベントにもなっていました。

クロージングにおけるエグゼクティブの活用

四半期をＭ１（Month1）、Ｍ２（Month2）、Ｍ３（Month3）の３ケ月で表現します。そのＭ３、つまり四半期の最後の月にリスクが出てきたことが判明し、最後の週に先方の役員の訪問調整ができたとします。「遠藤さん、○○ＣｘＯのアポが調整できました。ここで最後にお願いして６月末に間に合うようにお願いしてください」と言われました。

営業マネージャーを代表してお伝えしますが、今まで会ったことがないＣｘＯにお会いして最後に土下座してお願いしても何も変わりません。エンタープライズ企業において一発勝負で決まることはなく、最後にお願いをするのであれば事前に頼める関係性をつくってあることが大事です。逆の言い方をすると、現場の営業が調整し頼める関係性を過去につくれているのであれば、その案件が失注したら逆にエグゼクティブの責任だという認識でした。ただ頼める関係性があったとしても最後の週にお願いに行くのはエンタープライズ企業の社内稟議プロセスを知らなすぎです。お願いすること自体が失礼になります。

Ask The Deal

ここまでチャンピオンから情報をもらいながら案件を進めてきましたが、最後の最後まで案件がクローズできるかどうかわからないという状況はあります。お客様に聞ければ良いのですが、ここまできたら聞かないのが美学とか、ダメだとわかるのが怖くて聞けないというのも理由の代表格です。しかし、真剣にお客様のSuccess Criteriaを満たせるように対応してきたのであれば、逆に聞かないほうが失礼だと思えるようになりました。

そこで使っていたフレーズが「Ask The Deal」です。聞いてしまうのです。先ほどの最終週にお願いしても間に合わないのと同じで、M3に聞いてもリカバリーが効かないので、例えばチームで決めてしまうのが良いと思います。M2の最初の週はすべての案件を「Ask The Deal」して、その後のアクションを洗い出す。聞いてしまうことでパイプラインが一気になくなるとしても、それが最後の週にわかるよりもできることは確実に増えます。

SS 接待について

現代において接待で商談が決まることはないと私は思っています。接待が必要ないというわけではなく、クロージングの場面で使うのは得策ではないという認識です。人間と人間の関係性を構築するために、自然の中で長い時間会話ができるゴルフも、お酒を飲みながら自分を伝えていく飲み会の場も大変重要だという認識はしています。重ねて伝えたいのは、接待を案件のお願いでは使わないことです。私たちの販売している製品でお客様の未来も、そして会社の戦略も変えることができるのです。お客様とイーブンの関係を作っていきましょう。

潮目が変わりつつあると思うのは、お客様との接待では営業が費用を持つことが多いわけですが、最初の会でも折半で支払いをする機会も増えてきたことです。2次会に行くようなことがあれば仲間として折半して飲みに行くなど、お客様と営業として付き合ってもらっているのではなく、Ｗｈｙを共有した仲間として付き合って頂くことが増えています。

事例の講演をしてくれたお礼など会社 対 会社の関係性をつくる上での接待はこれからも大事にしていくものだと思います。

04

SALES SKILLS

ロストした際のマインド

ここまでクロージングについてお話をしてきましたが、すべての案件で勝てるわけではありません。そんな際に私自身が思っていたのは「買わない人はかわいそう」だというマインドでした。それぐらい製品を愛せたことも幸せだと今では思うわけですが、重要なのは次のことです。

ロストしたのは提案の中身が悪かったわけではなく、単純にタイミングが合わなかっただけだと。競合製品はパッケージの中にＢＩ製品が組み込まれているので追加費用がかからないためそちらを選択した。そういった事情での決断は大いにありえます。

実際に競合製品を活用して6ケ月過ぎてみたら、まったくデータ活用が進んでいない。中期経営計画で宣言しているＤＸ戦略が進んでいないということもあるのです。そんなときに社内で言っていたのが「そろそろ作戦」です。

そのままですが「そろそろどうですか？」と数ケ月経って電話してみると、実はまった

ロストした際のマインド

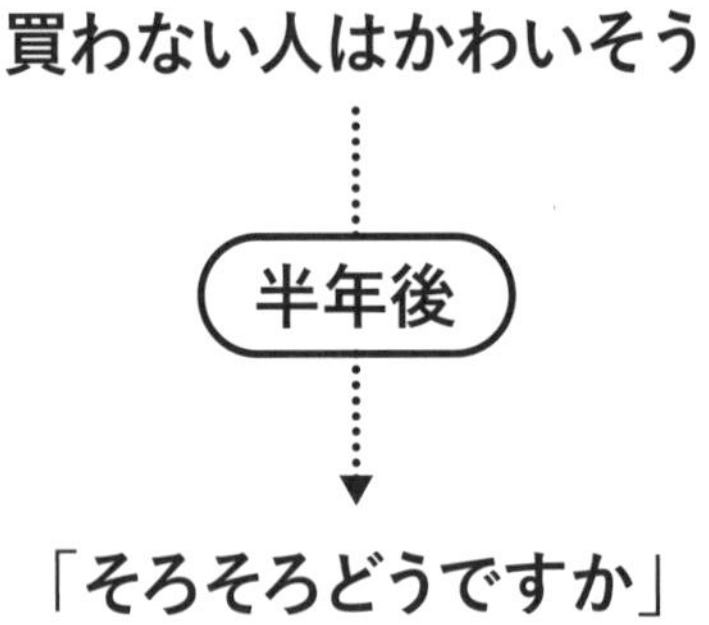
買わない人はかわいそう
半年後
「そろそろどうですか」

く使えてなくて……みたいな話が出てきて、再度案件化できるケースが何件もありました。「そろそろ作戦」は絶対に導入したい会社であれば定期的に実施したいところです。

SS 大人の営業になる

大型案件のクロージングについてお話をしてきましたが、この章の最後に「大人の営業」についてお話しさせて頂きます。ただのエンタープライズ営業ではなく、その先にある「大人の営業」がどういったレベルの営業だと考えていたかをお伝えしていきます。

通常ＩＴ会社に就職するとインサイドセールスからキャリアが始まり、その後昇進してＳＭＢ（中小企業）を担当し、さらに営業のキャリアをあげていく中でエンタープライズ営業にたどり着きます。外資系では年収の差も大きく違うこともあり、エンタープライズ営業になることが１つの目標になったりします。さらにその先にある大人の営業だと私が呼べると思っていたのは、「新しい道をつくる」営業かどうかだと判断していました。

大人の営業について、次の３つの重要なスキルで、お話を進めていきます。

①大人の営業の業務スキル
②顧客開拓において大人の営業のスキル
③大人の営業の数字の向き合い方

新しい道をつくる
大人の営業

第8章

大人の営業スキル

01

SALES SKILLS

業務スキル編

SS 活動データの記録

大人の営業の業務スキルから入りたいと思います。先ほど新しい道をつくるのが大人の営業という勇ましい話をしていたのに、業務スキルというかなり地道な話になっていますが、この地道な話が大事です。

ハイスタンダードという標語で私はチームと向き合ってきましたが、大人の営業としてやるべきことをしっかりやるということです。例えば、ＳＦＡのシステムに活動データを記録していきます。Back to Basicでも言ったように活動量が大事ですが、活動データがＳＦＡにログされていないとしたら電話していない、訪問していないのと同じであると外資系ではみなされます。

実施した行動をしっかり数字に入れて初めて、行動として認識されるのですが、実はこれが毎日となると大変です。日々の忙しい営業活動の中でどうやって工夫して記録に残していくかを考える。どのようにして日常にプロセスとして取り込んでいく工夫をしていくかです。経験からもこの記録をきちんと入れるルーティーンを確立できている営業はきっちりお客様との関係もつくれていますし、信頼できる仕事をしています。将来のマネージャー候補だと思っていました。

というのも、ログを入れる苦労をわかりつつ、それを乗り越えるための工夫ができているので若手の見本として教えてあげられるわけです。若手からしても、立場上マネージャーだからログを入れろと言われているのと違い、実際あの人は担当営業の時にログをきっちり入れていたという事実から、指示も受けやすくなります。大人の営業は行動をデータに入力していく過程で、どういった行動が売り上げにつながったのかなど再現性も見出していきます。

SS アカウントプラン／四半期売り上げプラン（Quarterly Business Review）

ここでアカウントプランと四半期売り上げプラン（Quarterly Business Review）を実施する意味などをお伝えさせてください。

まず大人の営業としてアカウントプランを実行するということは、そのテリトリーを持たせてもらうことに対する社内への説明責任を果たすということです。そのテリトリーやそこで生まれる新規のリードは営業の持ち物ではありません。会社が投資して獲得したリードは会社の資産です。そのテリトリーを持ち続けるために大人の営業が顧客を攻める戦略を語ることで、引き続きテリトリーを持つことを社内全員に納得させ続けます。

「このテリトリーのCEOとして全責任を持つ」という認識を持てるかどうかが大事です。誰かに指示されてから何かをするのでは大人の営業ではありません。アカウントプランの中で初期導入のLand＆Expandと全社活用のDiscover＆Descendへのプランニングを共有し必要な支援を社内から得るのです。

四半期ごとの売り上げプラン（Quarterly Business Review）は毎四半期の数字を宣言す

る大切な場です。その期の売り上げを宣言するだけでなく、求められるのはその次の四半期のパイプラインの両方の数字が回せているかです。売り上げをつくるために必要な会社への要望もしっかり出せるようになって初めて、大人の営業といえるのです。

SS 感謝する（Back to Basic⑥）

大人の営業の業務スキルの最後はチームをつくることです。One Teamという標語で、私はチームに伝えていました。営業としてSEやカスタマーサクセスを1つのチームに仕立て、同じ気持ちで数字を追いかける仲間がつくれるかです。

チームをつくるうえでも大切なBack to Basicの6つ目をご紹介します。「感謝する」ことです。謙虚で感謝する人がいつまでも成長できる人です。辛い経験をした際も感謝を伝え続けられるリーダーであれば、誰かが支援に回ってくれます。アダム・グラントの「Give & Take」が好きですが、その中にGiverやTakerやMatcherという言葉が出てきます。私はTop Giverという標語をつくって、Giverとして突き抜けて与える人が一番多くを得ら

感謝 (Back to Basic⑥)

謙虚で感謝できる人がいつまでも成長する

1. お客様や社内のメンバーからの言葉を覚えておく
2. 辛い経験を含めすべての経験が Why につながる
3. 与える人が一番得られる

れるとチームに伝えてきました。

02

SALES SKILLS

営業開拓編

SS 「新しい道、新しい売り方」を確立する

業務スキルに続いて2つ目の大人の営業スキルは営業開拓です。営業が「エイムする」ことで会社は成長します。テリトリーのCEOを自負する大人の営業が、なんとしてもアカウントをこじあけるという意志を持ちます。製品の評判があがってくると、いつか製品は何もせずとも売れ始めますが、営業がいる存在意義は「いかに早く、いかに大きく売るか」です。

チームメンバーによく伝えていたのが、冒頭に記載した試行錯誤を繰り返し「新しい道、新しい売り方」を確立してほしいということでした。今まで未開拓の業界に入り込み確率が高い提案ソリューションをつくった。あの競合製品が入っているところはこの提案で再

現性高くひっくり返すことができる。こういった新しい道をつくれる大人の営業は若い営業の目標とされますし、マネージャーに昇進した際にもこの試行錯誤を繰り返した経験が引き出しとなり身を助けるはずです。

営業が購入プロセスをコントロール

大型商談のクロージングでBANTについてご説明しました。Timeframe質問では6月31日までに購入いただけるか情報を集めていきますが大人の営業はさらに進みます。顧客の社内意思決定プロセスを可視化し、コントロールしていきます。

それを実践するためにまず、Mutual Close Planを作成します。Mutual（お互い）ということでお客様、営業の双方で契約を結ぶまでの全体プロセスを可視化し、スケジュールを詰めていくわけです。そもそもプロセス全体を話し合える信頼がないとつくれませんし、このプランをつくれるということは案件の確度が高くなっている証拠でもあります。Mutual Close Planに複雑な可視化は必要ないので、エクセル等でつくりましょう。

非常に重要なポイントは発注までの社内手続きプロセスに何の項目があるかを理解する

Mutual Close Plan

自社と顧客の双方で、契約までのスケジュールやアクションをリスト化

アクション	誰のアクション	顧客側の責任者	完了予定日	進捗チェック	次のステップに必要なアクション
法務チェック					
CIO 訪問					
最終提案					
○○開始					
部長承認					
本部長承認					
購買部承認					
最終価格提案					
CFO 承認					
社長承認					
捺印完了					
発注書発行					
社内処理 US					
社内処理国内					

ことです。

・部長が稟議をまわすための資料の用意
・クラウドを初めて活用するのでセキュリティ要件で品質部門の承認が追加で必要
・日本にデータセンターがないので追加セキュリティ承認が必要
・NDAに関わる修正にアメリカ本社の承認が必要

発注書が出るまでに社内手続きに何があるのか、またそれを終えるのに必要な時間の一つひとつを洗い出します。エクセルで可視化する際に前工程のプロセスが終了しないと次の稟議プロセスに移れないのか、そ

れとも並行して回せるのか。営業が全体像を把握し、完成したらお客様に先回りの指示をしながら稟議全体をリードし、コントロールできるようになるのが大人の営業です。

SS エグゼクティブの活用

エグゼクティブの活用についても、大人の営業はもう一歩進んだ動きをします。大人の営業にとってエグゼクティブは上層部に会うための駒の1つです。舞台監督はあくまで営業であり、その場で泣いて欲しいとお願いして営業マネージャーが泣くのも演出の1つです。上層部同士がどういった関係で、その後に会社 対 会社の関係をつくってほしいのかも、私は営業がコントロールすべきだと思っていました。エグゼクティブ訪問後に出すお礼メールのドラフトも自分で書いて上司に送ってもらっていました。

外資系で言えば、時々本社からCEOや営業のトップといった偉い方々が来日されますが、それもお客様の上層部に会うための駒の1つです。打ち合わせにお客様のエグゼクティブを引きずり出せば、後はどのように打ち合わせを進めるかについては大人の営業の仕事です。

もちろん天才的に営業がうまいエグゼクティブも多くいますし、私は本当にラッキーで実際は多く助けてもらってきました。ただ、意識としては大人の営業が自分で打ち合わせもコントロールするという自意識があるべきです。そうすると打ち合わせをなんとか成功させたいという思いで、前準備から後工程まで多くの気遣いができるようになります。

SS 客観的視野

大人の営業開拓のスキルとして必要なのは、顧客からTrusted Advisorとみなしてもらえる客観的な視点です。業界のプロとしての知識です。海外を含む業界トレンドや自社の立ち位置、競合他社の良さも客観的に伝えることができるよう視野を広げましょう。ガートナーなど業界の今後のトレンドまでアンテナを高くしておくと、お客様の懐刀的な存在となり誰よりも早く連絡がもらえるようになります。

SS トラブル対応

トラブル対応は大人の営業力が試される瞬間です。かつてインフラを担う製品を販売している際にはトラブルがあると怒られ続けましたが、あのときの経験はその後に大きく活きました。トラブルは社内外の信頼を厚くするチャンスです。

トラブル最大のコツは「逃げない」ことです。トラブルの進捗はすべて自分の問題だと捉えて積極的に対応していくことで、社内外の信頼は増していきます。その際に重要なのはどんなに難しいテクニカルな問題だとしても理解しようとして先頭を切って動いていくことです。

最後列でエンジニアやサポート部隊がやっていることを応援し続けるのではなく、トラブルシュートの主役は営業だと思い、難しくても内容を理解をし、お客様に対して次に何をしようかと考え、社内にも提案することです。

もちろん、その出しゃばった営業の動きが邪魔になるケースもあるでしょう。ただ、20年以上営業として、もっと言えばＩＴが苦手で向いていない自分が、トラブル時に最前線で動き続けて迷惑がられたことはありません。怒られに行く際にも、当たり前ですが毎回自分が参加して、説明もエンジニアでなく自分で頑張れるところは自分でやるのです。

ユーモア（Back to Basic⑦）

ユーモアで人と人をつないでいく

1. 状況を打開できる（対顧客でも対自分でも）
2. 人と人との関係でビジネスは成り立っている
3. 得意でなくても意識していく中でできていく

それが信頼へとつながっていきます。

SS ユーモア（Back to Basic⑦）

Back to Basicの最後の7つ目はここで共有します。それは「ユーモア」です。ユーモアは人と人をつないでいきます。仕事だってプライベートだって、究極は人と人の関係で成り立っています。最悪な状況でもユーモアで打開できるケースがあります。

私が若手の20代の頃に日本を代表する大企業に導入した製品が故障を続け、大きなトラブルとなりました。

自分はまだ若かったのですが、このトラブルは自分が先頭に立たないといけないと思って毎日深夜まで対応をしていました。もちろん自分でトラブルを直すソフトウェアをつくれるわけではないのですが、どういったロジックで故障原因の説明すればわかりやすいか、遅くまで文面をまとめていました。その説明のために毎日のようにお客様の本社にお伺いしていました。

そのシステムはオンラインで製品受注を受け持つグローバルシステムだったので、影響範囲は日本以外にも出ます。毎回のトラブル報告が重たく、身体的にも精神的にもやられてしまいました。その際に上司が言ってくれたのが、「大事なお客様だから精一杯準備して説明しよう。そして終わったら、あのラーメン屋に行こう。そして多分明日も説明に来るだろうから違うラーメン屋も見つけておいたよ」という言葉でした。

張りつめていた気持ちが緩んだのが自分でもわかりました。自分は真面目すぎるのかもしれませんが、トラブル報告に冗談をはさむ気持ちを持てませんでした。しかし、そうやって目線をずらしてくれただけで、あのときの自分はホッとさせてもらったのです。自分は担当営業だったときも、営業マネージャーという立場になったときにもユーモアにチャレンジしてきました。ユーモアは得意ではありませんが、ユーモアがトラブルだけでなくあらゆる場面を柔らかくしてくれるのを感じ、効果が絶大だと実感してきたからです。

03

SALES SKILLS

数字編

SS 数字との向き合い方

大人の営業は数字との向き合い方も違います。大人の営業としてのマインドセットは数字をつくることが会社を存続させ、全社員を支える大前提という認識です。驕ってはいけませんが大人の営業が数字をつくることで、バックオフィスのメンバーもSMBでこれから大人の営業になり、会社を背負っていく若手も養えると認識していました。年間の数字を達成するだけでは足りません。すべての四半期で達成することが求められるのです。

大人の営業として期待されて入社し、順調に四半期のゴールを達成していましたが、入社して4期目にどうしても数字がつくれず初めて数字を落とすことが確定しました。一生懸命数字をつくれるよう努力した結果ですが、大人の営業として達成しないことはありえないと思った自分は朝の6時台に会社に行きました。そこで、どうしても達成できないことを社長に伝え、次の週にあるシンガポール出張の不参加と会社を辞める覚悟があることを伝えたのです。

その日に社長から全社員に出たメールには次のことが記載されていました。「ある営業が今期のゴールを達成できない。一生懸命やっている彼は必ず次の四半期で挽回してくれるだろう。この数字の穴埋めを全員でやろう」という非常に温かいメールでした。次の四半期で大きく達成できて挽回は出来たのですが、あのときは本気で退職の覚悟がありました。大人の営業であれば数字への強いコミットメント、数字をつくることへの強い意志が求められます。

M3でフォーキャストをずらすことは悪です。「自分一人だけなら数字がいかずに500万落としてもいいや」ということになっても10名が500万落としたら5000万です。

この数字が大きいか小さいかは会社の規模やゴールによってまったく違いますが、伝えたい趣旨はわかってもらえると思います。M3では残り時間がないのでリカバリーすることが会社としてできません。特にM3に提出するフォーキャストの数字は毎週何度も見返し、リカバリーできる数字も考慮して提出します。リカバリーできる数字で宣言しても、その数字がゴールの100%を超える数字でないと意味がありません。

数字に関する報告ではBad News Firstが求められます。最後の週に「駄目でした」は悪です。悪いことがあったら早めに伝える。ただ数字を落とす場合には必ず代替案をもっていくのが大人の営業です。ある営業役員に「Excuse（言い訳）を簡単にAccept（了解）してはいけない。それをするのは弱い営業マネージャーである」という言葉を頂きました。単純な言い訳は問題外ですが、それをリカバリーする方法まで持ってこないとAcceptしないようにしていました。

SS 数字をつくる5つの準備

大人の営業はこういった数字に対する強い感覚でいるわけなので、その準備が大切です。毎四半期ごとに最初の日に入る際の前提ですが、次の5つに気をつけましょう。

常にアップデートをかけているかどうか。

❶ＳＦＡアップデートができているか？
大人の業務スキルでも伝えていますが、すべての案件情報を隠さずＳＦＡに数字を入れ、常にアップデートをかけているかどうか。

❷パイプラインが3倍あるか？（数字は業界に応じて）
業界によりますが、ＩＴ業界は一般的に勝ち負けもある中で、パイプラインが3倍あると安定して１００％達成できる確率が高いと言われています。

❸売り上げの70％の数字が固く見えているか？
購入の検討にかかる期間が半年から1年かかるような製品は、四半期が始まる時点で案件確度がすべて高くないと達成できません。小さい案件であれば案件受注までの期間が1ケ月かからないなど、3ケ月の中で0からでも積み上げることができる製品であれば期が始まる際に固い数字としては70％ぐらい見えていると良いです。ただ、この何％であれば達成できる確率が高いかは過去のデータから割り出しておきましょう。

❹次の四半期から前倒しできる数字の読みはどのくらいか？

すべての数字をその期にある案件でクロージングしなくても、次の四半期においてあるもので前倒し出来るものがないか代替案の候補としても常に探っていきましょう。

❺2四半期先のパイプラインまでつくれているか？（Rolling3Quarter）

その期の数字と同じく大事なのが、その先のパイプラインです。すべての四半期を達成するために、案件のクロージングと同時に3倍のパイプライン目指してアクションが取れているか。数字の確認として次の四半期は必須ですが、さらにその次の四半期まで確認する活動ができているかが求められます。

よく言われますが、期末の最後の1日も期初の最初の1日も同じ1日です。あの期末の必死さを期初から同じ真剣さでやっていればこんなことにはならなかった、みたいなことはよく聞く話です。大人の営業はM1、M2、M3で何を実施するのかスケジュールを大まかに決めています。第2章でご紹介したトライアルの特別スキームのようにM1にアクションを詰め込むことで、長い期間の貸し出しができたからこそM3に多くのラインセスの刈り取りができます。何を仕掛けるにもM1にスケジュールを詰め込んでいきましょう。

SS プレッシャーを迎えに行こう

数字を作るということは簡単ではありません。また、営業として辛いのは四半期を達成するごとに、新しい期が始まれば売り上げ数字がゼロクリアされることです。たとえ、Q1Q2が大きく跳ねて、年間の数字を達成してもQ3Q4の数字もクリアしないと大人の営業とは言えません。私自身もそうでしたが、気持ちはいつも辛かったです。

そんなときに私自身を支えていたのは次の2つです。

1つはイチローの連続200本安打です。もう引退してから長くなりましたが、私が会社に入社した年にメジャーリーグデビューしたので、何か運命を感じて応援をしてきました。ご存じの方もいると思いますがイチローがこだわっていたのは打率ではありません。200本安打です。4割を打とうと思えば打てる可能性もあったと思いますが、そうではなく200本を打つためにコンディションを整えて試合に出続けました。

フォアボールでも同じく塁には出られますが、無様な形でも変なボール球を打ってでも200本の安打を打つことにこだわりました。1打席でも多く打席に立とうとしました。その姿に「とにかく打席に立とう」、無様でも小さい数字でも1つ1つ積み上げていくこと

で目標のターゲット数字を積み上げようと、勇気をもらっていました。

もう1つはタブローのエンタープライズの1人目の営業で、後にタブローのカントリーマネジャーにまでなった方の言葉で「プレッシャーを迎えに行こう」です。これも実はイチローが好きで得た言葉だと聞きました。

その意図はイチローが200本安打を自分に課していたように、我々営業も営業である限り数字を背負い続けるということです。会社からの数字のプレッシャーがあるからやるとかではなく、営業という責任ある仕事をする上では逃げられない事実

プレッシャーを迎えに行こう

活動量を上げる
「売れているときこそ活動量、
売れてないならもっと活動量」
エイムする
Comfort Zone を超える

がそこにあるわけです。であればプレッシャーから目を背けるのではなく、どうせやるなら自分で迎えに行き、冷静にその数字を達成するための作戦を考えることで道が開けるという教えでした。

この2つの教えを支えに、自分の心の中ではBack to Basicである〝活動量を上げること〟と〝エイムする〟ことを叫び続けました。そうすると、もう今回はさすがに駄目だと思っていたのに、最後何かが回ってくることが多く、救われました。

05

SALES SKILLS

個人の営業としてのアプローチ

〝大人の営業〟について業務スキル、顧客開拓、数字との向き合い方の3つを記載しました。そして、この章の最後に自分自身が昔に憧れた武勇伝、「できる営業が転職すれば、その転職先の製品がまた売れる」というエピソードについても考えてみたいと思います。

私が退職する際にお客様にも多くの言葉を頂きました。その言葉は大切に私の記憶の中に残っています。その中の1つに「遠藤さんからは、製品を買って欲しいと言われたことがない」という言葉がありました。

当たり前ですが、その方に製品の売り込みもしていましたし、実際製品も買ってもらってもいます。しかし、そういった印象が残ったのは何故だろうかと考えていました。

エンタープライズ企業を攻めるために会社としての戦略的アプローチを持ち、人生を変

製品を買って欲しいと言われたことがない

える営業スキルを実践してきました。それに加えてお客様の心に残る個人の営業としてのアプローチを確立できたからではないかと思いました。それが先ほどの言葉に集約されたのではないでしょうか。

「お客様の心に残る自分自身のアプローチ、それは何だと思いますか？」

これの答えはすごくシンプルであり、重要だと私は考えています。それは「提案してくれる」営業です。

お客様の心に残るのは
「提案してくれる」営業

SS

提案してくれる営業

当たり前すぎるので皆様の心に残らないかもしれません。しかし私たちの普段の生活を考えてみても、提案をしてくれることの素晴らしさを体感しているケースがあると思います。

海外に行った際にメニュー内容もよくわからないが、小さい子供を連れている我々の家族を見て、子供や我々だけに合った食事を提案してくれた。そんな思いやりが込められた提案は、旅の思い出の中でも一番に記憶されるものになったりします。

ホテルも同じです。リッツカール

普段、繰り返し行きたくなる

きちんと状況を把握した上で
提案してくれているのがわかるから

状況に合わせた提案　**自分に合わせた提案**　**特別な提案**

トンのクレドの話は有名ですが、そこで働いている皆様がプロとして提案してくれる様々な提案はその場を通常と違う世界に変えてくれます。

私が受けてきた「提案」は今も通っている散髪屋さんです。大学時代に出会った方とはこれまで25年以上のつきあいがあります。大学時代は大学の隣が散髪屋だったのですが、その後独立されて店を構えてからは私が散髪屋に行くためにかかる時間は往復で2時間です。それでも毎月通わせてもらっているのは、まさに自分の状況にあわせた「提案」をしてくれるからに他なりません。それは髪型の提案ではなく、提案してくるのは仕事で大変なとき、プライベートで大変なとき、起業で大変なとき、それぞれの状況にあわせた私だけへの提案で元気にしてくれるのです。

その散髪屋の方にも毎回的確な提案ができるのはどういうカラクリを持っているのかと聞いたことがあります。彼からの回答は非常にシンプルでした。そのお客様のことが大好きで、考え尽くし、この場に来る前と来た後の30分が違うようになればいいと毎回真剣に臨んでいるからだと。

皆様も大事なお客様の事を考え尽くしていますか。提案でお客様の期待を上回り記憶に残してもらえていますか。チャンピオンの立場を踏まえた提案であったり、顧客の状況を改善する提案であったり、または陥る可能性がある失敗を回避する提案。どれも大変価値がある提案です。

お客様のことを思い、考え続ければ提案できるのかといえば、そういうわけではありません。提案の出し方を最後にお伝えさせて頂きます。

SS インプットをし続ける

それはインプットし続けることです。インプットしながら頭の片隅でお客様を気に掛け続けるのです。かつてはユニバーサル・スタジオ・ジャパン（ＵＳＪ）のＣＭＯであり、現在はマーケター集団の刀の代表である森岡毅さんの本を拝読した際に書いてあったのがまさにと納得しました。森岡さんはインプットをし続けて頭の中のストックを増やし、提案を出さないといけないチャレンジに対して頭の中のインプットされている情報をリアプライ（再適用）する手法が良いと教えてくれています。

さらに森岡さんはＵＳＪ時代に毎日のようにパークを歩き、アイデアを期限までに必ず出すコミットを自分に課していたということですが、そのアイデアを出すという強いコミットメントが閃きを生み出していたということです。

インプットで私がお気に入りの本はHarvard Business Review（ＨＢＲ）です。私は「眺める本」と呼んでいます。私にはＨＢＲに載っているすべての記事を理解はできません。しかし、サラリーマン時代は毎週日曜日の9～12時はＨＢＲを眺める時間にしていました。月曜日の資料をつくるための時間でもあったのですが、過去のＨＢＲも眺められる大好きな時間でした。

眺めていると自然と現在の課題や懸念事項に対する記事だったり、最新の営業アプローチの記事だったり、海外のDX活用の事例だったりとリアプライできそうな記事が目に飛び込んでくるイメージでした。

HBRを読む際の秘訣としては、参考になると思う部分は赤線を引くだけでなく、さらに自分の言葉で何か一言追記することです。後で眺める際にその記事の意味合いなどが瞬時に戻ってきます。これは本当にお勧めです。


インプットした内容がリアプライできた私の経験もお話しします。何気ない雑談の中でそれまで気づかなかったようなアイデアが出ることが多かったです。ヒットした提案もこの雑談をしている中で出てきました。

それは、あるエンタープライズ企業のグループ間を超えたユーザー会をつくってみるというものです。1つのグループを担当していた私は、そのグループ会社のそれぞれでチャンピオンを見つけ、それぞれの会社である程度の契約も頂きました。そんな折に、このチャンピオンの方々をつなぎグループユーザー会をつくると何か大きなことができるのではないか、という考えが浮かびました。

もう1つ閃いたのが開催する会場です。近い将来に何百名を超えるユーザー会を目指していたので、毎回営業側で会場を用意すると何十万もかかります。そこで思いついたのが、グループのそれぞれの会社が持ち回りで会場を用意することでした。こうなると各社が自分たちの会社を他のグループ会社にアピールしたい気持ちも出てくるので、それぞれ素晴らしい会場を用意して頂けました。

この流れでさらに素晴らしいことが起きました。各社持ち回りにしたことで、主催会社はCxOなど、責任者の参加も調整するようになっていったのです。CxOが参加するユーザー会は参加者の事例発表にも気合いが入りますし、他のグループ会社の事例をCxOが直接その場で感想や意見を述べてくれることにあわせて、他のグループ会社より自分たちの会社を前に進めないといけないとCxOに思ってもらえる素晴らしい循環まで起きていきました。顧客のことを思い続けて出たあのときのひらめきは雑談の中で生まれたものですが、提案し実現出来た世界は多くの奇跡を生み出したと今でも思っています。

かつて武勇伝を羨ましがり接待が必要だとか、自分の役職が足りないだとか思っていました。でも、お客様のことを思い続け心からの提案が出来るようになれば、どの会社に転職してもお客様から応援されるようになると思います。「提案」こそ、お客様との間でTrustを生み出す武勇伝のカラクリです。

最近、散髪屋に行った際にさらにもう1つ教えてもらいました。心からの提案と同じく意識しておかないといけないのは、お客様の中にある比較対象という話でした。特に初めてのお客様は前の散髪屋では何を気に入っていて、何が気に入らなかったのかという話を聞きながら髪を触り、意識して情報収集する。独りよがりな提案では嫌がられることもあるということでした。営業も同じではないでしょうか。心からの提案をする際にお客様には見えていて、私たちには見えていない相手も意識することで、さらにお客様を向いた提案が出来るようになる。この〝提案〟を聞き、来月もまた往復の2時間がかかったとしても通わせてもらうんだろうなと改めて思ったりしながら、髪を切ってもらいました。

第9章

成功へのマインドセット

01
SALES SKILLS

Stay Hungry Stay Foolish

この写真は2011年の10月6日の早朝にサンフランシスコのアップルストア前で撮影したものです。私は34歳でした。どういった意味合いを持つ写真か分かりますか？　ヒントは世の中的に有名なのはその前日の2011年10月5日です。

私が朝早くサンフランシスコのアップルストアの前に行くと、多くの若者がポストイットに〝Thank You Steve〟というコメントを貼りつけていました。2011年10月5日はアップルの創業者であるスティーブ・ジョブズが亡くなられた日です。そのタイミングでサンフランシスコにいた私は、世界を変えた経営者を失い、悲しみに覆われる歴史的な瞬間に偶然立ち会うことになりました。

サンフランシスコを南北に走る101というフリーウエーの電光掲示板にはスティーブ・ジョブズの顔写真とともに、「Thank you Steve」という文字が何枚も映し出されてい

たと記憶しています。

運命的にこのタイミングでサンフランシスコにいたことで、私も夢に向かってチャレンジしなくてはいけないという強い思いを持ちました。

そもそも夢に向かってチャレンジしたいと強く思ったきっかけについてもお話をさせてください。それはさらにさかのぼること20代後半になります。営業の課題として読書感想文を書いていたという話をさせていただきましたが、営業トップから送られてきたメールの中に絶対に見るべきだと紹介して頂いた動画がありました。それはスティーブ・ジョブズがスタンフォード大学の卒業式で行ったスピーチです。

「Stay Hungry Stay Foolish」というフレーズが有名ですが、それ以外にも一見バラバラの「点」が繋がって、運命的に今の自分があるというエピソードで語られる「Connecting The Dots」など、人生を迷った際に何度聞いたかわからない人生の指針になるスピーチでした。

心に響く部分は自分が年を重ねる中で変わっていったのですが、40代になったときに繰り返し見続けて暗記してしまったのが次の一節です。


「I have looked in the mirror every morning and asked myself: “If today were the last day of my life, would I want to do what I am about to do today?” And whenever the answer has been “No” for too many days in a row, I know I need to change something.」

「もし、今日が人生最後の日であったら、これからやることは本当にやりたいことだろうか？　毎朝、鏡に向かって質問し続けて、何日もその答えがNoだった場合は何かを変えないといけない」


このスピーチのときにはすでにスティーブ・ジョブズは癌におかされていました。そのスティーブ・ジョブズが我々に伝えているこのメッセージは重たいと思います。そして、

Stay Hungry
Stay Foolish

45歳を迎えた私は毎日のように鏡に向かって問いかけていました。

「今日これからやることは本当にやりたいことだろうか?」

45歳となり、残りの人生の中で思いっきり働ける時間も少なくなってきました。みんなが自分を取り戻せる場所を作りたい。それなら父親もやっていたホテルをつくりたい。でもそんなお金はどこにも無いし、それが自分の道かはっきりもしていない。毎日鏡に問う中で、一度しかない人生を変える決断をしないと、それこそ死ぬときに後悔するだろうという思いに至りました。

幸せな場所をつくる

ワークショップ
＋
ワーケーション
＋
マインドフルネス

起業するまでの10ケ月間はハローワークにも通いながら、職員の方にこの先の人生を聞かれて何にもなれていない自分にいら立ちを覚えました。

サラリーマンを退職した際に最初の1ケ月を使ってしたのは本を書くことでした。心を削りながらも家族やパートナーを支えるために頑張って仕事をしている方々に、エールを送れるような本を書きたいと思い執筆をしました。そのとき執筆した内容はまだ誰の目にも触れていません。

人間が幸せでいるためには年を取るにつれて、自然に戻ってくる場所をつくらないといけないと考えたことを終章に記載しています。そこで、昔同じ会社で働いていた先輩で、今は長野県辰野町で農業を営んでいる方を訪ねました。そこで、昔同じ会社で働辰野町に都会から移住され地域おこし協力隊になった皆様とも意見交換をさせて頂いたり、これまた昔在籍していたIT会社の仲間だった方の実家が鎌倉野菜を販売されているので、収穫のお手伝いと実際の販売を手伝わせてもらったりしました。もっと自然に帰るダイレクトな体験も必要だと感じ、一人で山奥の寺に寝泊まりし滝行に参加させてもらうなど「自然に帰る方法の正解は何か？」にたどり着くための試行錯誤を繰り返していきました。

そんなトライアンドエラーの中から出てくる拙い起業アイデアを周りに聞いてもらっている流れで、ある同期の「今時間があるなら20年以上営業やっていたんだからうちの社員に少し教えてあげてよ」という言葉をきっかけにやらせて頂いたワークショップが、起業のきっかけとなりました。

結果としてワークショップで人生の自信をつくるスキル、自然に帰る場所をつくって自分に戻れるスキルの2つを軸に起業しました。これから先の人生もどうなるかも分かりません。ただ、1つだけ思うのは、信念をもって進んでいると必ず誰かが助けてくれるように世の中はなっているということです。

起業した後も色々な方に支えられてワークショップを続けていく中で、今回ついに「本を書きませんか？」というお声がけを頂き、人生の自信をつくるためのスキルを多くの方にお伝え出来る機会を頂くことができました。興味がなかったＩＴ業界を選んだからこそ、必死に大人の営業になるために試行錯誤し続けることができましたし、その結果が本の執筆へと導いてくれたのです。

まさにスティーブ・ジョブズのスピーチにある「Connecting The Dots」です。大学時代にサークルでなりたい役割につけず、結果として販売部長になったときから人生はすべて繋がっていくのです。二宮金次郎が「この秋は雨か風かしらねども、今日のつとめに田草取るなり」という歌を詠んだと言われていますが、心配性だった私は過去や未来を心配してばかりいました。たどり着いた境地は一生懸命毎日を努力すること。その一日一日の努力が私を本当に遠いところまで連れてきてくれました。

営業は自分が成し遂げたい将来の夢を自分で作れる力が身につきます。必ずどんな自分にもなれる未来が待っています。私自身も自分の人生を使って実験中ですが、皆様が何歳になっても自分の道を追いかけられることを決断できるように、これからも精一杯の努力を続けていきたいと思います。

02

SALES SKILLS

愛されるリーダーへ

過去自分自身が頂いた賞の中で最も誇りに思っているのが、タブロー時代に2年連続で頂いたアジア最優秀マネージャーの表彰です。これは自分一人で勝ち得たものではなく、チームメンバーがつくってくれた数字で表彰されたものです。確かにこの賞は数字の達成率が大きな評価ポイントだと聞いています。表彰をしてくれたアジアのトップが個人的に私に言ってくれて嬉しかったのが、「公護のチームは本当にまとまっているし、みんな公護の事を尊敬している。だから人も辞めない。そこを私は評価している」と言われたことでした。

引き出しがまったくない中で突然部長職を拝命した33歳。何もできない自分がやっていたのはパワハラだったと思います。ＩＴ外資系営業の宿命だと逃げてはいけませんが、パワハラで現場の営業を絞りながら数字をつくっていけないようであれば、さらに上の役職にはあがってはいけないという固定観念をもっていました。もし数字をつくれないのであれば、この職を去るしかない。部長職になってすぐにクビになってお払い箱になるような、そんな恥ずかしいことにはなりたくないと怯えていました。そんな自分が33歳から8年後の41歳の年にアジアの最優秀マネージャーを頂けるまで成長できました。

この本の評判が良ければ、次はリーダーになるための本を書きたいと考えています。多くのメンバーと一緒になって大きな目標に向かっていきたい。将来マネージャーやリーダーを目指す皆様に、自分が30代、40代になった時のことを考えながら、私が失敗し続けた話を体感してもらえるような、もしくは今マネージャーをやっている皆様の参考になるような本になればと思っています。

まだ未定ではありますが、タイトルは『愛されるリーダーの作り方』にしたいと思っています。営業マネージャーとして数字をつくるということは変わらないのですが、その厳しい世界でもチームのメンバーに愛されて、お互いがお互いを支えながら数字をつくっていくためにはどうすれば良いか。また営業マネージャーでなくてもマネージャーとしてチームを強くするため、また組織全体に浸透させるためのコーチングスキルなどリーダーに求められるスキルを様々な視点でお伝えできればと思います。

03

SALES SKILLS

人生を変えるスキルとは

ここまで読んで頂きありがとうございました。

この本のタイトルである「人生を変えるスキル」とは結局何だったのでしょうか？

気づいた方もいらっしゃると思いますが、この本に書いてあるスキルで私自身が発明したスキルなんて1つもありません。

そんな私の人生を変えるスキルの答えは「人の話を覚えておくスキル」です。

読み返して頂くと分かりますが、ゴールデンサークルから始まり、人生を必死に努力する中で誰かが教えてくれた話を自分の記憶として覚えていて、その教えを試行錯誤する中で最後は自分の型に落とし込めたことで成功できたのです。

今までの人生の中で素晴らしい上司、素晴らしい仲間、そして素晴らしいお客様に支えられ、多くの言葉を頂きました。自分自身を成長させてくれた言葉をいつまでも覚えていたことが、自分の人生を変えてくれたのです。

最初の上司に教えてもらった大切な言葉です。

20代は勉強
30代は実践
40代は還元
50代は尊敬

20代、営業として入った私はあらゆる出来事や本から吸収して勉強をしていきました。30代は学んだことを日々実践し試行錯誤を繰り返していきました。タブローに入社したときは36歳でしたが、まさに足腰を鍛え直す中で学んだことを実践していた時期です。

そして、40代で再度マネージャー職になり今まで学んできたことをチームに還元してきたつもりです。45歳で会社を退職しましたが、起業して今まで学んだことをスタートアップ企業にもお伝えする機会を得られ、それまでの人生では出会えなかった方にも還元することができています。本当にありがたいことです。まだ見ぬ50代には尊敬という重い言葉がありますが、そんな存在に近づけるよう40代の残りを過ごせればと思っています。

スティーブ・ジョブズのスピーチの最後に〝死〟について語られる一節があります。

「Your time is Limited.
And most important, have the courage to follow your heart and intuition.」
「あなたの時間は限られています。
そして最も重要なことは、自分の心と直感に従う勇気をもつことです」

自分の人生は限られているからこそ、向かいたい夢にいつかたどり着くんだという思いで人生を生きていくことです。

起業してからの半年間だけで、若者をはじめとした多くの方に出会うことができました。起業できたことへの感謝をしています。この本で人生を変えるほどのスキルをお伝えできたかはわかりませんが、読み進んでいく中で営業の素晴らしさを知っていただき、いつかなりたい自分になるために、自分なりのやり方を見つけられたのならば最高に幸せです。私自身が多くの仲間と一緒に歩み学んだことが、多くの皆様に還元できていますように。

終　章

自分は何のために生きるのか

01

SALES SKILLS

自分が何に向いているのか

本日の日付は２０２３年9月5日です。自分の年齢は46歳で、今朝奥さんを産婦人科に送った後、１人で執筆をしています。あと1週間もしないうちに子供が産まれる予定で、子供が20歳になる時には自分が66歳という計算になります。最近は子供を生むのが遅くなってきているとは聞きますが、その中でもやっぱり遅いほうだと思います。

何が言いたいかというと、何もかも成功した人物がこの本を書いているのではなく、この本を読んでいる方と同じように人生の荒波のど真ん中にいて、自分の人生とこれから生まれてくる新しい命も背負って走り続けている最中だということです。

転職は1度しましたが、約1年半前までは外資系ＩＴ企業の執行役員として勤め、一貫してＩＴ企業のサラリーマンとして人生を過ごし、そのサラリーマン人生を21年で完了させました。45歳という年になったときに自分が外資系ＩＴ企業のカントリーマネジャー

（日本社長）になれなかった事実も後押ししました。やはり自分はこの業界に向いていなかった、すっぱり諦めて違う人生を歩もう、と決断できました。

21年前に外資系ＩＴ会社に入社したときから自分がＩＴテクノロジーにそれほど興味がなく、いつか本当に興味があるものを見つけたい。興味ある仕事で起業したらどんなにすごいことが起きるだろう。できるだろうか？　いや必ずできるはずだ。いつかは独立して世の中に貢献したい、その運命の日まで一生懸命努力をしていこう。就職してからそんなことをずっと思っていました。

就職してからの21年間は自分が何に向いているのか、どんな商売で世の中に貢献していけるのか？　と考え、探し続けていました。父親がバブルの頃の不動産業界で働いており、キャリアの最後はバブルの頃に建て、経営が傾いていたホテルを責任をもって立て直す名目で支配人をしていました。

父親にとっては苦い経験だったかもしれませんが、子供の頃の私は父親が勤めているホテルが家族全員で集まれる場所だったことや、そこに来ているお客様の幸せそうな顔を見て、自分がやるべき道はこれかもしれないとどこかで思っていたのだと思います。自分の人生でやるべき仕事がどこかにあるはずだと探し続ける中でも特に、旅行だったり出張だったりと旅をしている間は「何かあるはずだ！」とそんなことばかり考えていたものです。

ハワイに行った際に、奥さんの友人の友人がハワイに住んでいるお金持ちで、偶然食事をさせてもらう機会がありました。「やっとだ、これだ！　この食事の機会にハワイで仕事ができるきっかけを貰うんだ」と意気込んで食事会に参加しても、そこは普通の食事会で素晴らしいお話を聞いて帰るのみ。「今度こそ」の繰り返しでがっかりし続けたのを覚えています。

いつかは、いつかは、と思い探し続けていましたが、残念なことに世の中に出てくるような素敵な出会いから起業できたとか、昔の友人と意気投合して一緒に起業したなどという素晴らしい話は私の人生では起きませんでした。21年探し続けても自分が何で起業すれば良いのか見つからなかったならば、安定した人生を送ることも人生であり、そのままサラリーマンとして働くことも出来たと思います。

ただ、どこかで人生は一回きりであり、自分は自分の人生を最高にするため使命があり運命を握っている。「I am the master of my fate」と映画『インビクタス』に出てくるこのフレーズが頭の中でリフレインし続けていました。家族を巻き込むことは大いに不安でしたが、結婚してからもずっと「いつかは、いつかは、」みたいな話をし続けてきたので、奥さんも私の決断に対して「もっと広い世界で、思い通りのことができるよう、楽しみながら頑張って」と手紙をくれて、勇気をもって送り出してくれました。本当にやりたいことを見つけるために、後ろ盾を無くして探そう、そうした余白を作れば本当にやりたい仕事が見つかるかもしれない。

お客様や社内にも「次に何をするかは決めていません」とときに馬鹿なふりで、ときには英雄気取りで豪語し会社を退職させて頂きました。45歳にもなって何も決めずに辞めるなんてと馬鹿にされていたかもしれませんし、本当は何をするか決まっているのでは？と思っていた方もいたかもしれません。ですが、本当に何も決まっていませんでした。

それからはプータロー生活が始まります。毎朝起きると奥さんに予定を聞いて、一緒に行動することをお願いする日々。皆様の何十年後を45歳でやっていました。「今日、スーパーについて行って良い？」。情けないものです。奥さんには本当に迷惑をかけました。運動不足は良くないと毎日散歩して図書館に通い、できることを書き出していました。

退職時には余っていた有休を使わせてもらったのですが、タイミングとして4月末までの期間がありました。その4月からは娘が小学校1年生に上がりましたが、入学式のときの自分の立場は45歳のプータローだったのです。娘の晴れ舞台をメールやＳｌａｃｋを気にせず精一杯祝える喜びとともに、これからどうなるのだろうという不安も胸の中でいっぱいでした。仕事をしない日々はとても辛いものでしたが、私が親から頂いた公護という名前には「公（おおやけ）を護る（まもる）」という意味もあり、自分は世の中のためになる運命だから必ず見つかるはずだ、と信じてもいました。

その試行錯誤の日々の中でトライしたのは、人の人生に勇気を与える小説家になりたいと1ケ月かけて本を執筆したこと。身体に辛い症状をお持ちの方に安らぎを与えたいと鍼灸師になろうとしたこと。仕事に疲れた人々が自然の中に入り自分に戻れる場所をつくろうとしたこと。その中でやりたいと思えたことが2つ出てきました。1つは「生きる自信を与える仕事」と、もう1つは「自分に戻る場所をつくる仕事」です。

21年のサラリーマン人生で、一貫して従事していたのが営業という仕事でした。ITは興味がなくても21年もの間一生懸命に命を削って営業には全力を注いできました。自分が歩んできた営業の仕事は多くの仲間、そして営業させていただいたお客様も含めて全員で幸せになれた仕事でした。

この学びを「生きる自信を与える仕事」として世の中に伝えていきたい。特に20代、30

代の若い方々や、素晴らしい製品をつくり、それを今まさに世の中に広めていくための営業組織をつくろうとしている方々に対しても、必ずお役に立てるだろうという思いでした。もう1つの「自分に戻る場所をつくる仕事」は得意ではないITに取り組んできた自負もあるので、命を削ってみたいな大げさな書き方をしていますが、実際に自分の感覚では大げさではなく辛い日々に苦しんできました。

1年を過ごす中で自分を取り戻せるのは、妻がきっかけで私も行くようになったハワイで訪れる、カピオラニ公園で深呼吸をして背伸びしながら太陽を浴びるあの瞬間だけ。「太陽ってあったかいんだなー」と太陽のあったかさを感じて良いのだと思えたあの瞬間だけでした。神経をすり減らし続けていたので若い頃から早く60歳になればいいのに、引退さえすれば平穏な人生を歩めるのにということばっかり考えていました。

世の中には私と同じで精神的に強くはなく自信もないけど走り続けていかないといけない人もいると思います。私の場合はハワイでしたが、そんな皆様が自分に戻れるような幸せを感じる場所をつくりたい。父親の影響もあり、自分に戻れるようにリラックスできるホテルや自分を取り戻せるような落ち着いた空気をもったカフェをつくりたいと思うに至りました。

しかし、自分に戻るだけで人生を生きていけるほど甘くないですし、自信をもった生き方だけでは疲れてしまいます。プータロー の10ケ月間でたどり着いたのは、その両方を叶えるような会社をつくりたいという考えでした。

生きる自信を与えたいと書いたこの本は、ＩＴが苦手だったからこそ毎日の試行錯誤を繰り返し、最後は外資系企業の営業の執行役員まで駆け上がった自分がどのように大人の営業になっていったか。特に私が在籍していたタブロー時代の経験を基に戦略的営業アプローチと人生を変える営業スキルをお伝えしてきました。日本でまだ誰も知らなかったような製品が「ＢＩと言えばタブロー」というところまで日本でも広がっていった過程で自分が仲間と体験してきたエピソードを通して皆様にも同じように体感してもらえたらと思います。

私と同じように、この瞬間も悩みながら苦しみながらも未来を見据えていく方のための生きる自信を与える本でありながら、スタートアップ企業が世の中に出ていくための営業スキルや、営業戦略の実践本としても多くの方に読んでいただけたのであれば嬉しいです。

そして、その先にある自分に戻れる幸せな場所を一緒につくる仲間と知り合えるきっかけにもなれたら幸せの極みです。

最後になりましたが、この本を執筆している最中に無事に子供が産まれました。子供に伝えたいメッセージは、「生まれてきた意義を人生賭けて見つけて欲しい、そして追い続けて欲しい」ということです。早くに亡くなった父親が私たち兄弟によく言っていたのは、「お前の祖父は富山から一番近い都市である金沢に出た。自分は金沢から東京に出て日本全国を飛び回った。お前たち兄弟は日本から海外を飛び回る仕事をする時代だ」でした。

自分が海外を飛び回ってやる仕事はおろか、何を人生で達成したいのかなんて若いときの自分は見つけることができませんでした。しかし、父親に子供の頃から言われていたこの言葉がきっかけで考え続けることができました。

自分が一生をかけてやるべき仕事は何であるか？　サラリーマン時代の21年間、起業前の10ケ月のプータロー期間も「自分の人生の意義は？」と必死に探し、もがいてきました。そして今、起業してようやく人生の意義を見つけられそうなところまできました。

私も皆様と同じくまさに人生のど真ん中にいますが、自分の気持ちがこれほど晴れやか

幸せな場所をつくる

な日々は人生の中で初めてです。毎日生きているという実感の中で人に感謝され、自分の足で歩いている実感があります。新しい家族のためにも、ようやく見つけられそうな人生の意義とそれを追い続ける努力を続けます。

人生で何を達成すべきか見つけられていない方もいると思いますが、この本をきっかけに何を達成するために生まれてきたのか？　ということを考え続けてみてください。そして、行動し続けることで自分がたどり着きたい場所に自分の足で必ずたどり着いてほしいです。

努力するだけでは疲れてしまうので皆様が「人生を楽しんでいいんだ」、「自分らしくいていいんだ」と思えるような〝自分に戻れる場所〟も絶対につくりたいと思います。

いつか私がつくった〝幸せな場所〟で皆様にお会いできる日を夢見て。

[著者略歴]
遠藤公護（えんどう・こうご）
2001年にサンマイクロシステムズに入社し、パートナー営業とハイタッチ営業を経験。2010年にオラクル社との買収を経てシステムズ部門に配属、金融営業部の部長として営業推進に従事。2014年にTableau Japanに入社し、2人目のエンタープライズ営業として日本市場におけるデータ活用推進を支援。2017年よりエンタープライズ営業 第一営業本部長に就任し、主に通信業、メディア、テクノロジー企業の営業責任者として、Tableau社のコアバリューであるDelight Our Customer推進に注力。2019年Salesforce社の買収を経て、Tableau, A Salesforce Companyの執行役員に就任。（アジア最優秀マネージャーの表彰を含む営業受賞歴は15回以上）2023年にAT LAST.Inc（アットラスト株式会社）を設立。2023年にAT LAST.Inc（アットラスト株式会社）を設立。
https://www.atlast-g.com/

人生《じんせい》を変《か》える営業《えいぎょう》スキル

2023年12月1日　初版発行

著　者　遠藤公護

発行者　小早川幸一郎

発　行　株式会社クロスメディア・パブリッシング
〒151-0051 東京都渋谷区千駄ヶ谷4-20-3 東栄神宮外苑ビル
https://www.cm-publishing.co.jp
◎本の内容に関するお問い合わせ先：TEL（03）5413-3140／FAX（03）5413-3141

発　売　株式会社インプレス
〒101-0051 東京都千代田区神田神保町一丁目105番地
◎乱丁本・落丁本などのお問い合わせ先：FAX（03）6837-5023
service@impress.co.jp
※古書店で購入されたものについてはお取り替えできません

印刷・製本　中央精版印刷株式会社

　ISBN978-4-295-40903-8　C2034